SEJA O HERÓI DE SUA HISTÓRIA
Como reescrever sua história e mudar sua vida

Por
Eliana Barbosa e Richard Krevolin

SEJA O HERÓI DE SUA HISTÓRIA
Como reescrever sua história e mudar sua vida

novo século®

São Paulo 2012

Copyright © 2012 by Eliana Barbosa e Richard Krevolin

COORDENAÇÃO EDITORIAL Letícia Teófilo
DIAGRAMAÇÃO Francisco Martins
CAPA Lumiar Design
REVISÃO Mônica Vieira/Project Nine

TEXTO DE ACORDO COM AS NORMAS DO NOVO ACORDO ORTOGRÁFICO DA LÍNGUA PORTUGUESA (DECRETO LEGISLATIVO Nº 54, DE 1995)

DADOS INTERNACIONAIS DE CATALOGAÇÃO NA PUBLICAÇÃO (CIP)
(Câmara Brasileira do Livro, SP, Brasil)

Barbosa, Eliana
Seja o herói de sua história : compreenda sua história, reescreva-a e mude sua vida / por Eliana Barbosa e Richard Krevolin. -- Barueri, SP : Novo Século Editora, 2012.

1. Autoajuda - Técnicas 2. Conduta de vida 3. Felicidade 4. Mudança de vida - Ocorrências 5. Realização pessoal 6. Relações interpessoais 7. Sucesso I. Krevolin, Richard. II. Título.

12-05474   CDD-158.1

Índices para catálogo sistemático:
1. Desenvolvimento pessoal : Psicologia aplicada   158.1
2. Transformação interior : Psicologia aplicada   158.1

2012
IMPRESSO NO BRASIL
PRINTED IN BRAZIL
DIREITOS CEDIDOS PARA ESTA EDIÇÃO À
NOVO SÉCULO EDITORA LTDA.
CEA – Centro Empresarial Araguaia II
Alameda Araguaia, 2190 – 11º Andar
Bloco A – Conjunto 1111
CEP 06455-000 – Alphaville – SP
Tel. (11) 2321-5080 – Fax (11) 2321-5099
www.novoseculo.com.br
atendimento@novoseculo.com.br

"No centro de seu ser, você tem a resposta; você sabe quem você é e você sabe o que você quer."
Lao Tzu

Este livro é dedicado a todos aqueles que sempre amaram histórias...

Ao pai da Eliana, Elias Barbosa (1934-2011), que a ensinou a reescrever sua história quantas vezes for preciso...

E à mãe de Richard, Evelyn Krevolin, que lhe deu sua bênção...

Nossos especiais agradecimentos à colaboração dos amigos:

Luiz Vasconcelos
Fernando Ferreira Filho
James McSill
Ricardo Ragazzo
Marcelo Aldrighi
Sergio Mena Barreto
Andre Schuck Paim
Dr. Jason Barnhart
Nani Bergman
Ado Ceric
Tanya Lundborg
Sherman and Evelyn Krevolin
Ana C. R. Magno
Anna Rose Paul
Al Pirozzoli
Colleen Sell

SUMÁRIO

PREFÁCIO   Sua história, sua vida 13

INTRODUÇÃO 17

CAPÍTULO 1 | Qual é a história que você nasceu para viver? 19
CAPÍTULO 2 | Seu destino em suas mãos 45
CAPÍTULO 3 | O seu "character" e as suas histórias 57
CAPÍTULO 4 | O poder transformador das histórias 81
CAPÍTULO 5 | Terapia e suas histórias 93
CAPÍTULO 6 | O poder das histórias de amor 119
CAPÍTULO 7 | Mude suas histórias, mude sua vida 133

CONSIDERAÇÕES FINAIS 139
SOBRE OS AUTORES 141

PREFÁCIO

Sua história, sua vida

Quando a Eliana me convidou para escrever o prefácio de *Seja o herói de sua história*, senti-me lisonjeado e feliz com a oportunidade. Não só porque uma grande amiga está publicando um livro que, além de encantar os brasileiros, será o seu livro de estreia nos Estados Unidos, mas também porque poderei agradecer publicamente a alguém que tanto teve a ver com a minha própria história nesses últimos anos.

O caminho de Eliana cruzou-se com o meu em uma palestra filantrópica que vim fazer no Brasil, na cidade de São Paulo, por volta de abril de 2009. Na verdade, cruzou-se antes da palestra, quando ela enviou-me um e-mail e um link para o seu site. Na mensagem, Eliana dizia que almejava publicar nos Estados Unidos e que estava disposta a trabalhar para tal. Em seu site, sua foto complementava o que entendi como subliminar ao que escrevera: Eliana irradiava determinação, o tipo de determinação dos seres que se dispõem a mudar de vida – mudar o curso, a história, a narrativa até então esperada da sua vida, para mudar de vida. E não me decepcionei. O que sempre adorei na conduta de vida da Eliana é que não foi apenas o talento que a fez mudar o curso de sua história pessoal, mas também seu esforço e imensa e incansável dedicação, e sua tenacidade.

Nas palestras que ministro encontro autores de três tipos: os que ouvem e se esquecem daquilo que ouviram; os que veem o que demonstrei, e embora mais tarde lembrem-se do "show", não conseguem, na prática, aplicar o que observaram; e os que aprenderam e passam a imediatamente aplicar o conhecimento adquirido, ou seja, utilizam os novos instrumentos para mudar suas vidas em direção àquilo que desejam. Assim foi com Eliana.

Após uma longa manhã e uma tarde ainda mais longa de treinamento, aceitei seu convite para jantar. Fomos a um restaurante em frente ao auditório onde eu ministrava minha palestra. O propósito primordial do jantar seria conversar a respeito de sua carreira de escritora e de seus planos futuros, entre eles o de entrar no ultracompetitivo mercado norte-americano.

E dou um pulo no tempo.

Pouco mais de um ano.

Eliana e eu estamos em outro restaurante, também após um de meus eventos, só que, agora, em Atlanta, nos Estados Unidos. Conversávamos, desta vez, a respeito do romance que eu, como consultor, a ajudara a adaptar para o mercado internacional e da oportunidade que, participando de meu evento como uma das copalestrantes, eu lhe havia proporcionado para divulgar e abrir as portas para o seu trabalho naquele mercado. Em uma das histórias que se seguem você lerá a versão da Eliana sobre esse episódio, o momento em que a vida dela começou a tomar outros rumos.

E dou outro pulo no tempo.

Dias atuais.

Eliana Barbosa e Richard Krevolin – o impressionante currículo do Richard também se encontra nas próximas páginas desta obra – agora publicam no Brasil e, simultaneamente, nos Estados Unidos, marcando a gloriosa entrada – o *breakthrough* (a estreia) – da Eliana no mercado literário mais competitivo do mundo. E mais impressionante ainda, Eliana estreia em Los Angeles, Califórnia, pelas mãos de Richard, um dos mais premiados gênios do *storytelling* (contar histórias).

Foi fácil para a Eliana chegar a esse ponto? Aconteceu exatamente como o planejado? Foi sorte? Trabalhou sozinha?

Quantas perguntas! Quantas respostas! Quantas histórias! Em cada uma destas respostas e histórias podemos aprender lições de vida com Eliana, pois quando capturamos histórias, capturamos a vida.

Tendo acompanhado a trajetória de Eliana, tomo a liberdade de responder por ela:

1. Nada é fácil ou difícil; até mesmo os milagres são possíveis, apenas requerem mais tempo, mais trabalho, mais dedicação. Eliana é a prova disto – nos mais de cinco mil e-mails que já trocamos nesse período de consultoria e nas mais de duzentas horas que dedicamos aos textos que ela produz.

2. Pouco acontece como planejado. É imperativo que sejamos flexíveis. Não dobrou, como digo aos meus autores, quebra. Do nosso primeiro encontro em São Paulo, passando pelos nossos encontros nos Estados Unidos, ao dia em que Eliana e Richard finalizavam esta obra em Canela, em agosto de 2011, não se passou um dia em que não tivéssemos alguma alteração de curso: algumas mais leves, outras mais radicais (o livro que adaptamos para o mercado internacional ainda espera tradução e publicação em 2012, pois, de plano principal, ele passou a secundário quando surgiu a oportunidade desta obra conjunta: Eliana Barbosa e Richard Krevolin).

3. Sorte, tenho comigo, é quando a preparação encontra a oportunidade. Eliana excedeu todas as minhas expectativas, estudou, escreveu, reescreveu, foi incansável na construção de uma plataforma – hoje é apresentadora de TV, escreve para revistas, dá palestras. Ela, como eu, não acredita que a sorte acontece apenas quando a imaginação encontra a realidade, mas sim quando a "fazemos acontecer"; quando trabalhamos para transformar a imaginação – nossos planos – em realidade, quando não temos medo de abraçar o novo, desfazer-nos dos fardos antigos e inúteis, alteramos a nossa narrativa pessoal do "não sei" para o "sei e posso".

Eliana é um exemplo para todos nós. Especialmente para mim, que posso chamá-la de minha amiga.

Que os anjos te protejam, minha querida, nesta nova empreitada! Embora longe, sinto-me sempre perto do teu abraço.

Este livro mostrou-me, e mostrará a todos, que é possível, sim, sermos os heróis de nossas próprias histórias. Trabalhei com Eliana e Richard pelo período de mais de um ano e, tanto quanto eles, que enfrentaram os desafios das diferenças culturais e linguísticas, sei bem o tempo e o esforço que a elaboração de uma obra de qualidade consome, como esta tão inspiradora coletânea.

Deixo a você, caro amigo, os votos de uma boa leitura.

James McSill
York, Inglaterra
Janeiro de 2012

INTRODUÇÃO

Que história você tem vivido?
Que tipo de crenças internas tem governado sua vida – crenças limitantes ou libertadoras?
Que histórias lhe foram contadas em sua infância que ainda o afetam?
Que tipo de *script* você ouviu durante toda sua existência e tem repetido a si próprio como um roteiro de vida, até hoje?
Quais histórias, crenças ou *scripts* podem ter sido úteis a você e qual deles podem ser barreira para o seu crescimento?
Existem momentos em sua vida que você se sente um mero coadjuvante ou mesmo figurante de sua própria história?
Qual é a história de vida que você quer viver?
Seja o herói de sua história é um livro especialmente preparado para lhe mostrar que você é o autor e personagem principal de sua história, você é o herói de sua vida!
Se ainda não é isso que você tem vivido, chegou a hora de se conhecer melhor e, avaliando seus pensamentos e atitudes, sair da posição de vítima, assumir o comando de sua vida e reescrever sua história. Sempre é tempo de mudar!
Com essa leitura você vai se inspirar no caminho da transformação interior. As histórias que você vai ler neste livro são pessoais, únicas e inspiradoras, porque contam as experiências que mudaram nossas vidas e as de nossos amigos. Você vai perceber os momentos em que decidimos rever nossas histórias, mudar nossos caminhos e transformar nossas vidas.
Aqui também você vai encontrar alguns contos plenos de lições que vão incentivá-lo às ações dos heróis. É claro que nenhum herói se faz do nada, nem sozinho; todos são construídos a partir da superação e da firme intenção de marcar positivamente a vida dos outros.
Chega de ser coadjuvante ou mesmo figurante de sua própria vida! Hoje, agora, assuma seu verdadeiro propósito: Seja o herói de sua história!
Assim é você, assim pode ser você depois de descobrir o herói ou heroína que mora dentro de si.

Fácil? Não!
Possível? Sim!
Como? Tomando de volta às suas mãos o poder de ser quem você é: UM HERÓI!

Herói não dá poder aos outros para lhe dizer quem ele deve ser e muito menos para magoá-lo. Herói não se decepciona facilmente, porque aceita a natureza de cada pessoa e não perde seu tempo tentando mudá-la. Herói acredita em seu poder interior como ferramenta para todas as suas realizações. Herói é você que não fica inerte diante das dores e busca mudanças e crescimento no dia a dia.

Se você está com este livro nas mãos, parabéns! Você é uma dessas pessoas com perfil de vencedor, preparado para libertar o herói que existe dentro de si.

Este livro, portanto, vai ensiná-lo a reassumir seu papel de protagonista, de herói de sua história, onde você é o autor de seu próprio destino e capaz de escrever finais felizes para sua vida! Ele será seu guia nessa mudança. Aproveite! Inspire-se! E boa leitura!

Eliana Barbosa e Richard Krevolin

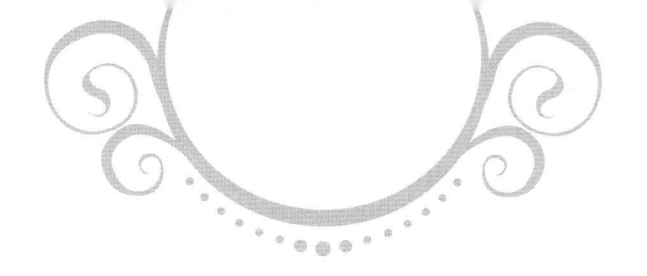

CAPÍTULO I

QUAL É A HISTÓRIA QUE VOCÊ NASCEU PARA VIVER?

"Minha vida foi um conto de fadas maravilhoso, uma história de guerra, fome e pobreza."

Sophia Loren (1934-)

Muitas vezes, estamos vivendo scripts - roteiros - que não são conscientes para nós. Achamos que sabemos o que estamos fazendo e o porquê, mas, pode acontecer de nossas ações serem dirigidas por scripts arraigados em nosso inconsciente, inerentes e imperceptíveis para nós. Alguns desses scripts, talvez a maioria mesmo, são benéficos. Mas, e quando o script age de forma insidiosamente prejudicial, guiando sua vida na direção errada, sem que você esteja ciente disso? E se você estiver sabotando sua vida, porque cegamente está vivendo o script errado? O que fazer então?

Bem, você pode começar identificando os scripts que são negativos e redirecionando sua vida. Depois, você pode modificar esses scripts, ajustando suas ações e reações habituais a determinadas situações e emoções, a fim de fazer mudanças positivas em sua história.

Neste capítulo, você vai conhecer pessoas cujos scripts as têm impulsionado para perto ou para longe da felicidade e sucesso. Esperamos que a leitura dessas histórias possa ajudá-lo a eliminar os scripts sabotadores de sua vida, e seguir aqueles scripts que irão capacitá-lo para criar a vida que você nasceu para viver.

Vamos começar com uma história em que Eliana e Richard contam como nossos scripts internos influenciam as perguntas que fazemos e as respostas que nós procuramos.

O empresário e o mestre da caverna

Gustavo, um jovem empresário de São Paulo, andava preocupado. Sua empresa enfrentava problemas financeiros, apesar das boas vendas e das iniciativas de marketing. Gustavo já havia tentado todas as intervenções que conhecia – consultores, seminários, novos softwares, livros –, mas nada parecia funcionar. Então, ele leu sobre um gerente de vendas que conseguira salvar uma empresa depois que conheceu um mestre que vivia em uma caverna no topo de uma montanha com vista para Machu Picchu.

Decidido a arriscar, Gustavo usou os últimos recursos que tinha, comprou uma passagem, vestimentas para o tempo frio da montanha e partiu para o Peru.

Naquelas montanhas sagradas, localizadas no topo do mundo, ele poderia encontrar as respostas de que precisava para salvar sua empresa e o emprego de centenas de funcionários.

Depois de obter um mapa simples, vagamente esboçado por um guia de escaladas, e de adquirir as provisões que julgava suficientes, Gustavo fez o seu caminho através do Urubamba – vale sagrado dos incas – até as cristas das montanhas. Durante uma semana, a sensação de frio, fome e fraqueza invadiram seu corpo. Quando o empresário se convenceu de que não conseguiria ir adiante, deixou-se desfalecer.

Deitado de costas na neve, ao voltar do desmaio, sentiu o cheiro de incenso queimando. Ele buscou sua última reserva de força e seguiu o aroma através de uma saliência na montanha, onde encontrou um homem velho e barbudo, orando em pé, o olhar voltado para o céu, as mãos cruzadas sobre o peito.

Gustavo, exultante, caiu de joelhos diante do santo homem e disse:

– Senhor, eu vim de milhares de quilômetros de distância para buscar sua sabedoria. Compartilhe comigo sua sabedoria secreta para que eu consiga salvar meu trabalho e minha empresa. Eu lhe imploro, por favor, senhor.

O santo homem sorriu suavemente e disse:

– Estou ocupado. Vá embora.

E, então, o mestre começou a cantar em voz alta...

Gustavo gritou:

– Eu vim de muito longe e quase morri ao longo do caminho. O mínimo que você poderia fazer é me ajudar com algum conselho sábio.

– Desculpe. Volte amanhã e eu poderei estar um pouco menos ocupado.

– OCUPADO? Aqui no meio do nada? Por favor, senhor, me dê cinco minutos de seu tempo e eu vou embora.

– Você promete?

– Sim, claro, prometo. Agora, por favor, me diga como eu posso salvar minha empresa?

O mestre, sentando-se em uma grande pedra, explicou:

– Bem, algum tempo atrás, um jovem engenheiro de computação veio até mim pedindo essencialmente a mesma coisa... Ele disse que tinha projetado um novo software de computador, mas os consumidores estavam insatisfeitos, porque o programa não funcionava direito, travava o tempo todo. Sua maior preocupação era que se não conseguisse descobrir como consertar o software, todos na empresa iriam perder o emprego... Então, o que você acha que eu disse a ele?

Por um longo tempo Gustavo pensou... Finalmente, olhou para o mestre e disse:

– Na escola de administração, aprendi que devemos estudar os problemas, analisar paradigmas e responder adequadamente. Ele deveria analisar as falhas do software, corrigir os erros e continuar a comercializá-lo.

Gustavo cruzou os braços, satisfeito consigo mesmo e com a resposta que ele deu.

O santo homem não parecia estar impressionado. Em vez disso, apenas sorriu e disse:

– Não. Você e sua empresa estão condenados. Sinto muito.

Fechou os olhos e começou a cantar.

Gustavo se enfureceu:

– De jeito nenhum! Pare. Espere. Por favor, senhor, eu estou lhe implorando. Eu preciso da sua ajuda. Diga o que disse a ele. Eu preciso saber. Por favor!

O mestre olhou para Gustavo, balançou a cabeça e falou:

– Eu disse ao jovem engenheiro que ele estava fazendo as perguntas erradas e estudando os computadores e modelos errados.

– Como? Eu não entendo.

– É claro que você não consegue entender. Você está pensando como ele, de maneira formal. Em vez de estudar o software que está com defeito, ele deveria ter estudado o que está no mercado e funciona bem. E só então descobriria o que estava fazendo de errado e corrigiria seu erro...

– Oh, é verdade!

– É fácil focar no negativo e nos problemas da vida e nos apegarmos a eles. Em vez disso, temos de nos concentrar no que está funcionando, e em como usar esses modelos que funcionam como referência.

> *Em outras palavras, precisamos fazer as perguntas certas para que possamos descobrir quais histórias estão trabalhando a nosso favor, e quais delas estão trabalhando contra nós. Então, de forma flexível, vamos nos desvencilhando das histórias equivocadas, que são incapacitantes, e começamos a escrever novas histórias que nos fortaleçam. Ao perguntar a si mesmo, de maneira direta, o que está acontecendo e focando os aspectos positivos em sua vida, você poderá criar a história que você nasceu para viver - plena de felicidade e sucesso.*

Agora, Eliana vai compartilhar com você uma história comovente que dá um novo significado ao velho ditado: Há dois lados para cada história.

Interpretações do passado

Ana era uma professora querida e reconhecida em sua profissão. Aos vinte e nove anos, ela era feliz em seu casamento, mãe de dois filhos lindos e saudáveis e uma professora altamente popular e respeitada.

Em uma certa manhã, ela acordou mais feliz do que de costume. De fato, muito animada! Naquela noite, Ana seria a convidada de honra em um evento especial que seus alunos e colegas de trabalho organizaram para celebrar seus dez anos de uma notável carreira dedicada às crianças com necessidades especiais, na cidade de Curitiba. Sendo assim, preparou um delicioso café da manhã para a família e, valorizando esses momentos carinhosos, fez a sua oração matinal de agradecimento a Deus por sua vida, seu trabalho, sua maravilhosa família e suas realizações. Sempre bem-humorada, levou os filhos ao colégio e foi encontrar seus alunos. Na hora do almoço, buscou os filhos na escola e se encontraram com seu marido em um restaurante para comemorar a homenagem que ela receberia. À tarde, foi ao salão de beleza e caprichou no visual, entusiasmada com o evento que se aproximava. Passou no supermercado para algumas compras, voltou para casa, ajudou os filhos e o marido a se aprontarem para a festa e saíram todos juntos, muito animados.

– Essa homenagem tem um sentido muito especial para mim! – disse Ana, com o convite nas mãos.

Enquanto isso, na cidade de Cascavel, a quase trezentos quilômetros de Curitiba, em um bairro de extrema pobreza, encontramos Cláudia sentada no balcão de um bar mal frequentado. Bebia sem parar, financiada por homens sujos e asquerosos. Estava deprimida. O Conselho Tutelar acabara de lhe privar do convívio com seus quatro filhos, todos de pais desconhecidos, conduzindo-os a um abrigo para menores.

Ao ver Cláudia chorando sem parar, o dono do bar a pegou pelo braço e, sem dó nem piedade, jogou-a na sarjeta.

– Todas as noites essa mulher apronta cenas no meu bar, chega! – disse nervoso, o proprietário.

Cláudia, sentada no meio-fio, chorava convulsivamente e reclamava da vida:

– Ninguém me entende... Não consigo emprego, ninguém acredita em mim... Só esmola mesmo!

Há mais de quinze anos Cláudia vivia afundada nesse pântano de autopiedade. Estava com a autoestima em frangalhos.

Levantou-se e, trôpega, caminhou até sua moradia: um quarto imundo no porão de uma casa, onde vivia de favor. Quando se preparava para abrir o portão, sua vizinha, uma bondosa senhora, se aproximou dela, a envolveu pelos ombros e a convidou para tomar um café.

Sentada no sofá da casa da vizinha, Cláudia chorava pensando em que sua vida havia se tornado.

— Por que tive de sofrer tanto durante minha vida? Por que Deus é tão injusto comigo?

A velha senhora, cheia de compaixão, perguntou:

— Cláudia, desde que a conheço, há mais de cinco anos, você só vive para beber e se destruir. Diga-me: o que fez com que você chegasse até o fundo do poço dessa maneira?

Cláudia, então, desabafou:

— A minha família... Meu pai foi um péssimo exemplo: bebia muito, batia em minha mãe e não parava em emprego nenhum. Tínhamos uma vida miserável... Em uma dessas surras, minha mãe bateu a cabeça na quina de uma mesa, teve um acesso e morreu antes de chegar ao hospital. Meu pai conseguiu se safar, dizendo para a polícia que minha mãe escorregara por acidente. Eu e minha irmã, um ano mais nova, entramos em desespero. Como poderíamos viver sozinhas com um homem tão violento? Então, começamos a planejar nossa fuga. Mas uma semana antes de sairmos de casa para sempre, meu pai chegou da rua, bêbado e louco, e eu, muito revoltada com tudo, o enfrentei.

— Que perigo, Cláudia, que risco! – disse a vizinha, atenciosa.

— Sabe o que ele fez comigo? Deu-me uma surra e me expulsou de casa. Tresloucada e desesperada, saí correndo com a roupa do corpo, sem documentos, nada, e peguei carona com o primeiro caminhoneiro que encontrei e aqui estou, depois de dezesseis anos. Ah, como dei cabeçadas nesse tempo todo, pensando em como me vingar de meu pai...

— E a sua irmã, Cláudia?

— Nunca mais ouvi falar de ninguém da minha família. Tentei procurar meu pai e me vingar, mas tive medo. Minha irmã deve ter fugido também. Deve estar perdida em algum lugar desse mundo. Eu quis muito esquecer tudo isso, mas meu passado me persegue. Todos os dias, fico pensando: E se, na minha infância, nada disso tivesse acontecido? E se meu pai fosse amoroso? E se a minha mãe estivesse viva e eu tivesse uma família equilibrada? Ah, como eu queria isso para mim. Por que tive de passar por tudo isso?

Ao mesmo tempo, no auditório da Prefeitura de Curitiba, Ana terminava seu discurso após a comovente homenagem que recebera. Seu marido e filhos sentados ali, na primeira fileira, aplaudiam, orgulhosos, essa mãe tão importante para a comunidade em que viviam. Quando Ana se preparava para descer do palco, o prefeito, que estava sentado em volta de uma grande mesa ao lado de outras autoridades, levantou-se e perguntou:

– Ana, você pode nos contar como você chegou até onde está hoje e se tornou essa pessoa tão dedicada ao bem comum e tão reconhecida em sua carreira?

Ana, pegando de volta o microfone, muito emocionada, disse:

– Muito obrigada, Sr. prefeito. Estou honrada de estar aqui. Ela sorriu para seu marido e filhos e, em seguida, respirou fundo antes de continuar: – Vocês realmente querem saber a verdade? Minha família é minha inspiração para tudo o que faço. Meu pai foi um péssimo exemplo, ele bebia muito, batia em minha mãe e não parava em emprego nenhum. Tínhamos uma vida miserável... Em uma dessas surras, minha mãe bateu a cabeça na quina de uma mesa, teve um acesso e morreu antes de chegar ao hospital. Meu pai conseguiu se livrar da cadeia dizendo para a polícia que minha mãe escorregara por acidente. Eu e minha irmã, um ano mais velha, entramos em desespero. Como poderíamos viver sozinhas com um homem tão violento? Então, começamos a planejar nossa fuga. Mas uma semana antes de sairmos de casa definitivamente, meu pai chegou da rua bêbado e louco, brigou com a minha irmã e a expulsou de casa. Nunca mais a vi... Eu fiquei sozinha com aquele homem perturbado, sem saber o que fazer. Certo dia aproveitei sua ausência e fugi, determinada a mudar a minha vida, a nunca mais ter de passar por essa dor e humilhação. A única coisa em que pensei quando decidi fugir, foi: Como vou sair dessa situação? Como vou reconstruir minha vida? Nessa época eu era babá de uma criança e pedi ajuda para a minha patroa. Ela me acolheu em sua casa e me tratou como filha. Sou eternamente grata a essa família que me deu oportunidade de transformar minha vida. Minha nova mãe, depois de tudo o que passei com meu pai, me ensinou a perdoar e a não me prender ao passado. Ela sempre me dizia: "Ana, minha querida, para você ser feliz, lembre-se de que o que passou, passou. O que fizeram com você não é tão importante quanto o que você faz com o que fizeram com você!". Por isso, sr. Prefeito e amigos aqui presentes, eu devo todas as minhas conquistas a Deus, às pessoas queridas que me apoiaram ao longo desses anos, e também à maneira com que aprendi a reconstruir minha história. Entendi que as dores do passado não definem o meu futuro, mas sim a maneira como eu decido reagir a tudo o que acontece. A partir do momento que deixei de me sentir vítima e aceitei as lições que a vida me pregou, toda a minha história se transformou. Agora, aqui estou eu, recebendo este prêmio maravilhoso, com minha amorosa família - meu marido e filhos - ao meu lado. Eu só lamento que minha irmã não esteja aqui conosco. Eu tenho procurado Cláudia há dezesseis anos. Rezo para que ela esteja bem e feliz e meu maior sonho é um dia encontrá-la novamente. Muito obrigada a todos vocês e sejam felizes!

A história de Ana e Cláudia realmente se aplica a todos nós. O sentido, a lição, a moral dessa história são tão significativos que podem muito bem mudar o rumo de sua vida. Eis uma verdade profunda: assim como Gustavo, da primeira história, Cláudia fez perguntas erradas e obteve respostas erradas e, contando a história errada, acabou recebendo maus resultados em sua vida. Assim, ela se enveredou em um círculo vicioso de miséria que manteve vivas as feridas do passado e criou nela novas feridas auto infligidas.

Para que você acerte em suas perguntas, troque o "SE...?" e o "POR QUE...?" pelo "COMO...?". Em vez de se prender ao passado e ficar remoendo mágoas e culpas por seus erros se perguntando: "E se minha vida tivesse sido diferente?"; "E se eu não tivesse feito tantas besteiras?"; "Por que isso aconteceu comigo?" etc., é hora de pensar no futuro e em como você pode mudar suas histórias no presente, com as perguntas certas: "Como posso fazer diferente agora?"; "Como posso consertar os meus erros?"; "Como evitar que isso aconteça comigo de novo?" etc.

É hora de começar a reescrever essas histórias que controlam suas ações e sua vida. Pare de contar para si mesmo histórias erradas! Comece a fazer as perguntas certas e, assim, a contar histórias certas para si próprio e para o mundo.

Entenda que quando você se apega às dores do passado, não pode abrir seu coração às alegrias e dádivas à sua frente. Quando você foca o negativo em si próprio e ao seu redor, deixa de fazer mudanças positivas em sua vida.

Pare de se concentrar no passado e nos erros que você cometeu, pois isso o deprime mais com sentimentos de culpa e arrependimento. Visualize o futuro que você quer, e depois pergunte a si mesmo como você pode mudar a história que está vivendo agora para criar a história que você nasceu para viver.

Este livro se propõe a ser seu guia nessa viagem, para que você reveja sua existência e se torne o herói de sua vida.

Aproveite as lições e as histórias das páginas seguintes, e que elas possam ajudá-lo a encontrar a felicidade que você merece e a alcançar tudo o que você sonha e deseja.

Você já percebeu que, muitas vezes, as oportunidades em nossas vidas aparecem disfarçadas de problemas? Pois então, acompanhe essa história de Richard que fala sobre a importância de manter uma atitude positiva e refletir para qual caminho cada história em sua vida o conduz....

A história do escritor

Há alguns anos, fui convidado a participar, como palestrante, de uma conferência sobre narrativa de ficção. Embora não fossem remunerar os conferencistas, foi uma grande honra ter sido convidado. Além disso, a palestra era em Palm Springs, a apenas duas horas de Los Angeles.

Fiz minha palestra e correu tudo bem. No entanto, havia apenas doze pessoas na plateia, e eu tenho de admitir: senti que tinha sido um erro apresentar-me nessa conferência. Eu mesmo paguei minha estadia em um hotel, e essa situação pareceu desperdício de um bom final de semana e de dinheiro...

Dirigi de volta para Los Angeles e tentei esquecer esse episódio.

Poucos dias depois, recebi um telefonema de outra conferencista daquele evento, uma perita em *storytelling*, líder em Hollywood. Ela tinha assistido à minha palestra e disse que recentemente havia recebido o convite de uma grande marca global para um seminário de uma semana sobre *storytelling* em um país exótico. Ela queria participar, mas já tinha outro compromisso agendado para aquela data. Por ter ficado muito impressionada com a minha palestra, me perguntou se eu estava interessado em falar com eles.

Eu? Interessado? Naturalmente que sim.

Sua recomendação me levou a trabalhar com essa e outras empresas, me levando a tomar um novo rumo em minha carreira.

E tudo isso aconteceu porque eu participei dessa conferência que, até um dia atrás, eu estava convencido de que tinha sido um desperdício de tempo e de dinheiro.

A lição para mim estava muito clara. A história que eu estava escrevendo até então era a de que se não recebi um retorno imediato, se não recebi um cheque como pagamento ou não fui contratado para um trabalho de consultoria, então o que eu tinha acabado de fazer era um desperdício de tempo e de esforço. Mas essa é uma história limitada, que eu tinha de reescrever em minha cabeça.

Muitas vezes, na vida, não sabemos o que virá a partir de nossos esforços. Mesmo havendo apenas doze pessoas na plateia, eu dei 110% de mim naquela palestra, e o resultado foi que uma daquelas doze pessoas ficou impressionada o suficiente comigo a ponto de me recomendar para um trabalho que acabou mudando o curso da minha vida.

Você nunca sabe quem está lá fora quando você realiza seu trabalho. Quando você interage com os outros, existe a chance de que a pessoa sentada ao seu lado em um avião ou restaurante seja um instrumento para colocar sua vida em um novo e excitante caminho.

Por isso, abra-se para o mundo e assuma riscos. Capitalize todas as oportunidades que surgirem em seu caminho e veja os grandes dividendos que você pode colher, tendo novas chances e fazendo o seu melhor.

Você conheceu uma história em que o que parecia ruim para mim revelou-se uma grande oportunidade de crescimento. Entretanto, pode acontecer também que, nos momentos mais felizes de uma vida, situações tristes ocorram e nos convidem à superação. Agora, prepare-se para uma comovente história da vida de Eliana. Você vai entender que colocar foco em bênçãos da vida, mesmo durante tempos difíceis, pode ajudá-lo a superar suas dores e escrever a história que você nasceu para viver.

O buquê da noiva

Como isso é possível? A vida nos prega peças mesmo nos dias mais felizes. Na verdade, a vida é uma caixinha de surpresas – algumas boas, outras desagradáveis ou mesmo tristes. O pior é quando essas surpresas negativas ocorrem em momentos em que estamos relaxados e contentes, e elas nos atingem como um caminhão em alta velocidade. O dano é grande. Sempre perguntei: é possível superar a dor e continuar a crescer?

A história real que se segue impactou profundamente minha vida.

Apenas sete dias antes do nosso tão esperado casamento...

Depois de oito anos namorando Fernando, sem contar os dois anos de espera para o início do namoro, porque eu não tinha idade para obter a permissão de meus pais, essa era realmente uma data muito aguardada por nós. Naquele tempo, eu morava em Uberaba, no interior de Minas Gerais, um lugar onde as boas famílias tinham de dar permissão para as filhas namorar, e o namoro só era permitido dentro de casa, com a presença dos familiares por perto.

Mas, de qualquer maneira, depois de todos esses anos, meu dia chegou e meus avós maternos, Ormezindo e Conceição Oliveira – muito especiais para mim –, vieram de Franca, uma cidade próxima, para nos ajudar com os preparativos.

Apesar de ter dez filhos e 48 netos, posso dizer, cheia de orgulho, que minha avó Conceição tinha um carinho especial por mim. Ela estava eufórica. Era meu casamento e, pela primeira vez em sua vida, não foi ela quem fez seu vestido de festa, preferiu contratar uma costureira porque queria estar impecável para esse dia tão importante. Fomos a uma loja de tecidos e um estilista desenhou, para a minha avó, um modelo exclusivo para esse evento. Como você pode imaginar, ela estava muito animada.

Eu e minha família nos alegramos demais com a presença de meus avós durante a semana do casamento, porque, apesar da idade avançada, eles eram muito lúcidos, felizes e unidos – um exemplo de casal que soube construir uma verdadeira história de amor. Meu avô, de 84 anos, era um especialista em consertos por toda a casa, e minha avó, de 77 anos, cheia de ideias, acompanhou e apoiou, com amor, tudo o que fizemos.

Quando faltavam cinco dias para o casamento, meu avô, durante o café da manhã, disse que estava preocupado com minha avó:

– Sua avó reclamou a noite toda que seus olhos estavam queimando, e ela não dormiu direito.

Então pedi ao meu pai, médico, para examinar os olhos da vovó, e ele encontrou o que parecia ser conjuntivite.

– Vou marcar uma consulta hoje com nosso oftalmologista – disse ele.

O diagnóstico de meu pai estava certo. Minha avó tinha sido atingida por uma forte conjuntivite e iria precisar de colírio e óculos de sol para suportar a luz do dia. Meu avô, muito atencioso, tentava aliviar minha avó dessa situação.

– Chica – era assim que ele a chamava –, Você quer se deitar e descansar os olhos? Vou fechar essa janela para que a luz não lhe incomode.

E assim, depois de ter repousado nos lugares mais escuros a maior parte da semana, minha avó, finalmente, estava sentindo-se melhor na sexta-feira, véspera do dia do meu casamento.

Naquele dia, parentes de várias partes do Brasil começaram a chegar, desde a manhã até a noite, todos os filhos de meus avós foram pouco a pouco reunindo-se em nossa casa. De todos os casamentos de seus netos, o meu foi o único capaz de reunir mais parentes no mesmo lugar: todos os meus tios e grande parte dos primos, quase toda a família compareceu para nos dar o prazer de sua alegre presença. Nossa casa estava florida e cheia de presentes. Minha avó sentia-se mais forte, dando atenção a todos, fazia de tudo para recuperar-se rapidamente e nos ajudar com o que fosse necessário. Ela dizia:

— Amanhã, eu quero estar bem e bonita, sem os olhos vermelhos ou inchados.

E todos divertiram-se com sua vaidade.

Mas algo lá no fundo estava errado com ela, não era preciso que ela dissesse isso, eu sentia.

Na madrugada do sábado, ela acordou meu avô dizendo que estava sentindo uma inquietação, um desconforto, seu corpo doía sem nenhuma razão aparente. Vovô surpreendeu-se porque ela, sempre forte e saudável, nunca reclamara de nada. Minhas tias também acordaram e se revezaram com minha mãe no quarto de minha avó, no entanto, ela não conseguiu melhorar, mesmo depois da medicação. Desconfortável na cama, ela pediu para deitar em um colchão no chão, sem sucesso. Meu pai e meu tio – que também é médico – mediram a pressão arterial dela, batimento cardíaco, e tudo parecia normal. Alguns parentes disseram que era emocional, devido ao meu casamento. Será que era só isso?

Eu, porém, só soube daquela noite agitada e de desconforto de meus avós, pais e tios durante o café da manhã.

Preocupada, fui até o quarto onde minha avó descansava.

Muito equilibrada, como sempre, ela me disse:

— Eliana, minha querida, não se preocupe comigo, eu estou melhor agora. Foi só um mal-estar passageiro. Deve ter sido algo que comi na noite passada. Devo ter comido demais.

Ela sentou-se na cama e eu, ajoelhada no chão, coloquei minha cabeça em seu colo. E, fazendo seu inesquecível cafuné em meus cabelos, me disse:

— Tudo vai dar certo, minha filha. Vá cuidar de suas coisas, roupas, cabeleireiro, maquiagem, manicure, porque eu estou bem e estarei ótima para esta noite.

Meu avô Ormezindo estava lá, de pé ao lado da cama, e também ficou animado com as palavras dela. Ele sorriu para mim.

Levantei-me e disse:

— Quero que vocês dois estejam muito bem para o meu casamento. Agora é melhor eu ir. Da próxima vez que entrar nesta casa, já serei uma mulher casada! – rimos da brincadeira.

Passei o resto do dia em um salão de beleza fazendo tudo o que uma noiva deve fazer. Vinte e cinco anos atrás não tínhamos muito luxo, mas mesmo assim, fiz massagem, imersão em uma banheira cheia de óleos aromáticos e pétalas vermelhas, uma sessão de ioga e relaxamento, manicure, pedicure, hidratação no cabelo e, por fim, meu penteado e maquiagem.

Liguei para casa várias vezes para ter notícias da vovó Conceição. Estava preocupada não só com ela, mas também com meu avô, pois nesses 61 anos de casamento harmonioso e exemplar ele nunca vira minha avó doente.

As últimas notícias não foram boas. Quando liguei, por volta das quatro da tarde, duas horas antes da festa, minha mãe atendeu o telefone e disse:

– Eliana, estamos arrasados. Sua avó se sentiu mal de novo. Seu pai e seu tio decidiram chamar uma ambulância. Ela está internada no Hospital São Domingos.

Mal pude acreditar nisso. Era como se eu tivesse perdido o chão. Se ela foi para o hospital, isso era sinal de que sua situação piorara. Eu não conseguia pensar em mais nada, apenas em seu sofrimento. Eu queria mais detalhes, mas minha mãe parecia não saber o que tinha acontecido. Pelo tom de sua voz, ela parecia preocupada, além do cansaço natural por estar com a casa cheia de hóspedes e de não ter dormido nada na noite anterior. Ainda insisti e ela apenas disse:

– Minha filha, relaxe, seu pai e seu tio estão no hospital. Ela está sendo atendida pelos melhores profissionais de nossa cidade. Seu avô também está lá.

Como meu casamento não teria rituais religiosos e seria apenas no civil, minha mãe disse que, logo mais, nos encontraríamos no salão de festas. Percebi que ela não queria que eu ligasse toda hora para saber notícias, mas não entendi o porquê. Fiquei muito triste, fui para um canto e chorei. Por essa eu não esperava! Como vou entrar feliz no salão de festas sabendo que minha querida avó não estaria lá para nos abençoar, sentindo o vazio de sua ausência? Será que o meu avô poderia ir sozinho para meu casamento? Ele nunca esteve sem minha avó...

Minhas lágrimas borraram a maquiagem que estava pronta e tive de passar por uns retoques.

Que situação estranha para mim! Esse seria o dia mais feliz da minha vida, mas agora não mais. Não consegui avisar o Fernando. Naquele tempo não havia telefones celulares e ele já tinha saído de casa para se casar.

A hora estava chegando. Um dos meus tios que tinha um carro maior buscou-me no salão de beleza. Eu já estava pronta para chegar à festa.

Eu perguntei ao meu tio sobre a minha avó e meu avô. Ele foi evasivo, disse que eu não deveria me preocupar e que aproveitasse esse momento importante da minha vida. Não insisti mais porque sabia que minha mãe, sempre muito sincera, em breve me passaria a informação de que eu precisava.

O salão de festas estava perfeito, todo decorado com rosas champagne, a cor do meu lindo vestido estilo princesa. Meus longos cabelos foram presos em um coque, salpicado de flores silvestres. Eu carregava um farto buquê de orquídeas Cimbidium, lírios e gipsofilas, o famoso símbolo do amor no Brasil.

Ao chegar ao local da festa e encontrar os familiares esperando minha entrada de braço dado com meu pai, optei por não perguntar nada sobre minha avó, apenas perguntei por meu avô. Meu pai disse:

– Ele preferiu ficar no hospital fazendo companhia à sua avó. Você entende, não é?

E eu, ao encarar meu pai, tive de segurar o choro:

– Claro, pai, ele fez muito bem! Agora, vamos fazer esse casamento logo, porque eu quero sair daqui e visitar minha avó! Vamos lá!

Agarrei seu braço e, nesse momento, um grupo de amigos começou sua apresentação musical, tocando flauta doce acampanhados ao piano pela minha professora, Olga Maria.

Pouco a pouco, subimos as escadas da mansão, que foi transformada em uma casa de festas, e passamos pelos convidados. Eu sorria para todos – confesso que fui uma atriz naquele momento. Sentia meu coração despedaçado, estava muito preocupada, mas meu noivo e os convidados não foram até lá para ver uma noiva triste e chorosa.

Eu consegui brilhar! Foram muitas as pessoas que me disseram que eu parecia uma princesa e isso me fez muito bem.

Assim que foi possível, contei para Fernando tudo o que acontecera, porque percebi que ele não tinha entendido a ausência de meus avós. E, juntos, fomos conversar com minha mãe. Só ela, com sua forma corajosa de ser, poderia nos dizer a verdade.

Segurando as lágrimas, para que ninguém reparasse, ela disse:

– Eliana, sua avó teve um infarto esta tarde, logo após chegar ao hospital, e teve de ser internada na Unidade de Terapia Intensiva. Ela está em observação porque o caso é muito grave. Nem seu tio, nem seu pai – médicos antigos e experientes – conseguiram perceber que era problema cardíaco. Mediram diversas vezes sua pressão arterial em um braço, mas somente após trocarem de braço e medirem novamente os médicos do hospital perceberam que algo em seu coração não ia bem.

Visivelmente chateada, perguntei:

– Mãe, e o vovô, como ele está?

Minha mãe, com a voz embargada, disse-nos que ele ficou desolado! Não chorou, não disse nada, nem mesmo reclamou, mas não quis sair do hospital de jeito nenhum, embora não tenha sido autorizado a permanecer ao lado dela.

Fernando concordou com a atitude de meu avô e disse que faria o mesmo.

Voltamos para a festa disfarçando nossa frustração. Tiramos muitas fotos ao lado dos convidados, e outras mais caprichadas com poses para o álbum, e todo o evento foi filmado.

Quando eu e alguns parentes estávamos discutindo se Fernando e eu deveríamos ou não viajar para nossa lua de mel, meu primo, que também é médico, chegou à festa com um semblante mais aliviado. Ele nos contou que tinha ido ao hospital e conversado com minha avó, que ainda estava na UTI. Ele nos animou:

– Vovó está bem melhor, Eliana. Ela está tão bem que me pediu para colocar sua dentadura. Ela não quer ficar feia só porque está no hospital.

Todos rimos de sua vaidade natural. E esse era realmente um bom sinal. Meu primo continuou:

– Ela me pediu para dar um grande abraço em vocês, e que filmassem tudo, porque ela quer ver logo o que aconteceu na festa. Acalmem-se agora! Ela sempre teve muita saúde, é forte e positiva. Vai sair dessa logo.

Eu quis saber do meu avô, e meu primo disse que ele estava triste, sentado em uma sala de espera, mas afirmou que não ia sair de lá enquanto sua Chica não tivesse alta.

Como minha avó não podia receber visitas, meu primo nos convenceu a ir para nossa lua de mel, e no dia seguinte eu poderia falar com meu avô por telefone, ou, quem sabe, até mesmo com ela.

Embora não me sentisse nem um pouco animada com nossa lua de mel, não podia desapontar meu marido. Ele não tinha feito nada de errado e, afinal, ele esperava, há anos, para dizer:

— Enfim sós!

No hora de nossa despedida, uma prima me lembrou de jogar o buquê. Nesse momento, Fernando teve uma ideia interessante:

— Eliana, que tal enviarmos esse buquê de presente para sua avó? Eles podem levar para o hospital e decorar o quarto dela com ele.

Achei uma ótima sugestão! Meu marido era mesmo muito afetuoso! Deixamos o buquê com minha mãe, nos despedimos dos parentes mais próximos, e fomos para minha casa buscar as malas.

Passamos a noite em um hotel na cidade. Na manhã seguinte, bem cedo, viajamos para a Pousada do Rio Quente, uma estância hidrotermal, localizada a cerca de quatro horas de distância.

Assim que almoçamos e nos instalamos em nosso apartamento, a primeira coisa que fiz foi ligar para a minha casa. A empregada atendeu e passou o telefone para minha mãe. Poucos segundos passaram, mas pareceram uma eternidade. Eu pude ouvir muitas pessoas sussurrando com minha mãe e fiquei mais apreensiva. Ansiosa para saber o que minha mãe tinha a dizer, eu esperava ouvir que minha avó havia se recuperado e que deixaria o hospital em breve. Eu rezava para vê-la bem quando voltássemos para casa. Olhei pela janela e respirei fundo, lutando para manter-me calma, mas o coração disparava em meu peito. Quando perguntei à minha mãe sobre minha avó, com a voz fraca ela me disse que estava tudo bem e que eu não me preocupasse. Mas eu a conheço, seu modo de falar não me convenceu. Eu disse, enérgica:

— Mãe, você está estranha. Eu confio em você... Posso acreditar em você? A vovó está mesmo se recuperando?

Ela começou a chorar ao telefone, e acabou dizendo:

— Minha filha, seu avô me fez prometer que eu não iria dizer nada a vocês. Mas eu a conheço e sei que você prefere uma verdade que machuque do que mil mentiras que agradem.

E começou a chorar novamente. Eu chorei também, mas não sabia o que pensar. Fernando se aproximou e segurou minha mão.

— Mãe, pelo amor de Deus, fale logo, onde está a vovó, como ela está? – implorei.

Algo dentro de mim dizia que a notícia não era boa.

— Eliana, sua avó morreu poucas horas depois que vocês foram embora da festa. Era uma hora da manhã. Foi outro ataque cardíaco, minha filha, desta vez, fulminante...

Fiquei muda. Minhas lágrimas molhavam o telefone. O que eu mais queria naquele momento era abraçar minha mãe e meu avô.

E ela continuou:

— Eliana, seu avô não pode saber que eu lhe contei isso. Ele estava mais preocupado com você do que com ele mesmo. Ele disse que nós não tínhamos o direito de estragar esse momento de tanta felicidade em sua vida. Mas eu não posso mentir. Você me conhece, minha filha. Foi uma tragédia mesmo. Dois dias atrás, toda a família estava reunida em torno de sua avó. Todos estavam muito felizes. E hoje, a mesma família, e os convidados do casamento, reuniram-se para o funeral.

Como a vida é estranha, algumas vezes. Em menos de 24 horas, um casamento e um funeral na mesma família...

Tentei consolar minha mãe, mas ela estava devastada. Mencionei que queria ir ao funeral, mas ela foi enfática:

— De jeito nenhum! Em primeiro lugar, porque o enterro será dentro de três horas, você não chegará a tempo. E segundo, Eliana, sabemos que a vida continua e que apesar do imenso vazio e da saudade insuportável que vamos sentir, temos certeza de que sua avó está mais viva do que nunca em outra dimensão. Minha filha, agora vamos ser fortes! Acho que ela ficaria triste se tivesse de passar o resto de sua vida em uma cama de hospital, como tantas pessoas que conhecemos. Imagine o sofrimento dela! Deus foi muito bom para ela, Eliana. Em vez de nos revoltarmos, minha filha, temos é que agradecer a Deus por não ter sido pior.

A força de minha mãe me impressionou, ao mesmo tempo que estava desolada, queria me consolar.

Pensando bem, ela tinha razão. Minha avó não iria achar nada justo eu deixar de aproveitar os poucos dias da minha lua de mel. Ela sempre foi muito positiva, como eu e minha mãe. Com certeza herdamos essa força dela.

Despedi-me de minha mãe, prometendo que meu avô não saberia que eu já estava a par de tudo. Que homem maravilhoso, esse Sr. Ormezindo, no auge da sua dor, preocupado com a alegria de sua neta! E quanto mais eu pensava em meu avô, mais eu sofria pela perda da minha avó. O mais interessante é que eu não sofria tanto por ela, que teve uma passagem sem muito sofrimento, mas sim pelo meu avô, pois ele teria de enfrentar, daqui para frente, uma vida solitária na aconchegante casa onde moravam.

Sempre fui da opinião de que os homens deveriam morrer primeiro, porque penso que as mulheres são mais preparadas para viver sozinhas, são mais sociáveis e menos sistemáticas. Pensar na viuvez do meu avô estava me consumindo por dentro.

Fernando tentou me consolar, chamando-me de volta à realidade, com o seu imenso carinho e paciência. Suas palavras sábias e amorosas me fizeram acordar:

– Meu amor, o que podemos fazer para mudar o que é passado? Nada acontece por acaso. Você tem de confiar em Deus! Sofremos essa perda, essa dor imensa, mas não podemos fazer mais nada, a não ser aceitar e continuar a viver. Estamos vivos e muito felizes por estarmos juntos. Esperamos tanto por este momento, minha loirinha.

Entre lágrimas, respondi:

– Mas meu amor, é egoísmo eu estar aqui me divertindo e todos os meus familiares sofrendo. Eu entendo você, quero superar essa dor, mas não consigo parar de pensar no sofrimento do vovô. Ele era muito dependente da minha avó.

– Eliana, não é egoísmo, mas sim sabedoria aproveitarmos o agora, este momento tão lindo para nós dois. O único tempo que existe e no qual podemos agir é o agora.

Ele colocou seu braço em meu ombro e completou, animado:

— Vamos combinar uma coisa? Assim que sairmos do hotel, no final desses sete dias, em vez de voltarmos para nossa cidade, passaremos uns dias com seu avô, lá na casa dele. O que você acha?

Claro que aceitei e me senti mais aliviada. Eu não poderia mesmo falar com meu avô durante a semana, pois ele pensava que eu não sabia de nada, e poder revê-lo, em breve, e abraçá-lo, foi um grande consolo para mim. Fernando se mostrou um marido compreensivo e afetuoso.

Aos poucos, com a ajuda de meu marido, comecei a entender que eu precisava ampliar minha fé em Deus e superar essa dor. Afinal, estávamos em um lugar mágico e romântico, em nossa lua de mel.

Fernando me sugeriu o seguinte, toda vez que eu pensasse no que aconteceu, na mesma hora eu deveria fazer um esforço para substituir meus pensamentos por outros mais positivos, de admiração pelas belezas do lugar, ou elogiar as coisas e as pessoas, sempre me certificando de que meus pensamentos encontrariam o caminho para voltar ao presente. Ele me disse:

— Eliana, concentre-se no poder do agora. Só agora podemos tornar nossa vida mais plena e sermos felizes. Tudo reside no agora. Não podemos mudar nosso passado, mas todo dia é dia de começar uma nova história e nos dedicarmos a um final feliz. Então, minha loirinha, vamos controlar nossos pensamentos e aproveitar o que for possível!

Ele estava certo. Passei o resto do dia trabalhando para mudar meus pensamentos e conseguimos desfrutar bons momentos a dois.

Depois de nove dias do casamento, chegamos à casa de meus avós. Pudemos dar todo o carinho e atenção de que meu avô tanto precisava naquele momento. Ele tinha sido muito forte, equilibrado. Assim que enterrou sua companheira amada, quis logo voltar para casa e enfrentar a realidade.

Felizmente, ele não estava morando sozinho. Uma das minhas tias foi morar com meu avô, cuidar dele e da casa, como minha avó fazia tão bem.

Naquele dia, em pé em seu quarto, com uma foto dele e da vovó nas mãos, meu avô nos contou:

— Eliana, você se lembra do buquê que vocês deixaram de presente para sua avó? Pois então, ela foi enterrada com ele e com o vestido que não pode usar em seu casamento. Ela ficou linda, suave e doce, como sempre foi...

Foi difícil segurar as lágrimas.

— É mesmo, vovô? Isso é muito emocionante...

E ele completou, com a voz entrecortada:

— Eu sinto, dentro de mim, Eliana, que ela entrou na outra vida carregando seu buquê.

Ah... aí não aguentei. Chorei como uma criancinha abandonada, cheia de saudades, abraçada ao meu avô, que chorava baixinho. Fernando nos abraçou também e assim ficamos por alguns minutos.

Antes de irmos embora, meu avô fez questão de nos presentear com uma mensagem belíssima que ele mandou imprimir em homenagem à minha avó Conceição. Ele pediu ao Fernando que lesse o texto em voz alta.

Fernando leu o título:

— A parábola da imortalidade", de Henry Van Dyke, 1852-1993. E continuou:

> *Quando observamos, da praia, um veleiro a afastar-se da costa, navegando mar adentro, impelido pela brisa matinal, estamos diante de um espetáculo de beleza rara. O barco, impulsionado pela força dos ventos, vai ganhando o mar azul e nos parece cada vez menor. Não demora muito e só podemos contemplar um pequeno ponto branco na linha remota e indecisa, onde o mar e o céu se encontram.*
>
> *Quem observa o veleiro sumir na linha do horizonte, certamente exclamará: "Já se foi. Terá sumido? Evaporado?".*
>
> *Não, certamente. Apenas o perdemos de vista. O barco continua do mesmo tamanho e com a mesma capacidade que tinha quando estava próximo de nós. Continua tão capaz quanto antes de levar ao porto de destino as cargas recebidas. O veleiro não evaporou, apenas não o podemos mais ver. Mas ele continua o mesmo.*
>
> *E talvez, no exato instante em que alguém diz: "Já se foi", haverá outras vozes, mais além, a afirmar: "Lá vem o veleiro".*
>
> *Assim é a morte. Quando o veleiro parte, levando a preciosa carga de um amor que nos foi caro, e o vemos sumir na linha que separa o visível do invisível, dizemos: "Já se foi. Terá sumido? Evaporado?". Não, certamente. Apenas o perdemos de vista. O ser que amamos continua o mesmo. Sua capacidade mental não se perdeu. Suas conquistas seguem*

intactas, da mesma forma que quando estava ao nosso lado. Conserva o mesmo afeto que nutria por nós. Nada se perde, a não ser o corpo físico de que não mais necessita no outro lado.

E é assim que, no mesmo instante em que dizemos: "Já se foi", no mais além, outro alguém dirá feliz: "Já está chegando". Chegou ao destino levando consigo as aquisições feitas durante a viagem terrena.

A vida jamais se interrompe nem oferece mudanças espetaculares, pois a natureza não dá saltos. Cada um leva sua carga de vícios e virtudes, de afetos e desafetos, até que se resolva por desfazer-se do que julgar desnecessário.

A vida é feita de partidas e chegadas. De idas e vindas. Assim, o que para uns parece ser a partida, para outros é a chegada. Um dia partimos do mundo espiritual na direção do mundo físico; no outro partimos daqui para o espiritual, num constante ir e vir como viajores da imortalidade que somos todos nós.

Quando Fernando terminou a leitura, meu avô disse:
– A vida nunca para de mudar. A morte é também uma mudança...
Que palavras de sabedoria! Sempre aprendi muito com meu avô Ormezindo, mas, nessa situação de dor extrema, ele nos deixou lições valiosas sobre a importância da fé em nossas vidas.

Quatro meses depois, a vida nos trouxe mais um momento de mudança e nós nos lembramos daquela mensagem novamente.

Três sobrinhos do meu avô foram buscá-lo para uma festa na casa de seu irmão, em outra cidade. Durante o trajeto, sofreram um acidente, o carro capotou e o único atingido foi meu avô, que morreu instantaneamente.

Perder a minha avó e depois o meu avô me ajudou a perceber que a vida nem sempre acontece como planejamos e que, às vezes, o inesperado é doloroso e difícil de superar.

A única certeza que temos ao nascer é que um dia vamos morrer, e nossos entes queridos também. Para lidar com as surpresas e ir além das lutas e perdas, precisamos de força interior para reescrever nossas histórias, criando uma vida de alegria e de plena consciência, que nós nascemos para viver.

Esse foi um bom exemplo de como as histórias podem impactar fortemente nossas vidas. Então, agora, você vai saber mais sobre o poder das histórias.

O poder das histórias

Histórias têm um significado.

Histórias têm um poder imenso.

Histórias são a forma como nos comunicamos uns com os outros e a maneira como nos enquadramos às situações e damos sentido aos acontecimentos de nossas vidas. Muitos de nós vivemos governados por ações habituais e esses hábitos são programados por certos scripts que nós acreditamos e confiamos. Entretanto, muitas vezes nos esquecemos de que quando alguns aspectos de nossa existência não caminham da forma como queremos, temos sempre a opção de reescrever nossas histórias ou de criar novas histórias que nos ajudarão a mudar nossas vidas!

Essa é a premissa básica deste livro: você pode mudar os scripts pelos quais você está vivendo, e, ao fazer isso, pode mudar sua mente, seus hábitos e sua vida!

E a boa notícia é que nunca é tarde demais para mudar sua história. Se você estudar os mitos, as histórias, os contos que vivencia, se você examiná-los de perto, verá os padrões de pensamento que estão governando sua vida e, então, começará a refletir sobre como poderá romper com esses padrões de pensamento, mudar sua situação e tornar-se mais satisfeito e feliz.

Uma vez que este é um livro sobre os papéis que as histórias desempenham em nossas vidas, vamos compartilhar com você alguns poderosos contos, começando com uma fábula que Richard sempre gostou e, tanto ele quanto Eliana, frequentemente a usam em suas palestras.

Voar ou não voar: Eis a questão

Um menino que vivia em uma fazenda encontrou um ovo de águia que havia caído do ninho. O garotinho achou que era apenas um ovo grande de galinha que havia ficado fora do galinheiro. Então, com cuidado, colocou-o no galinheiro entre os outros ovos da galinha que estavam sendo chocados.

Poucos dias depois, a águia nasceu com a ninhada de pintos e cresceu com eles.

Em toda a sua vida, a águia fez o que os pintos do galinheiro faziam, pensando que ela era apenas uma grande e feia galinha mutante. Ela ciscou a terra para comer vermes e insetos. Cacarejou, gargalhou, até tentou voar e caiu de volta à terra depois de um percurso de poucos metros no ar. Durante todo o tempo, ela estava firmemente convencida de que era apenas outra galinha, talvez um pouco maior e mais feia do que o resto, mas ainda assim, apenas outra galinha.

Anos se passaram e a águia envelheceu. Um dia, ela olhou para o céu e viu um magnífico pássaro voando acima dela. O pássaro deslizou graciosamente ao sabor dos ventos, com apenas um bater de suas fortes asas.

A águia do galinheiro olhou com admiração.

– Nossa, aquele grande pássaro dourado lá em cima pode realmente voar. Que ave você acha que é?

– Essa é a Águia Dourada, a rainha dos pássaros – disse uma de suas irmãs, uma galinha magricela. – Ela pertence ao céu. Nós pertencemos à terra, porque somos apenas velhas galinhas de galinheiro.

– Ah, estou vendo – respondeu a velha águia, e voltou a ciscar a terra, vivendo o resto de sua vida como uma galinha.

A verdade é simplesmente esta: a maioria de nós é galinha. Temos medo de abrir nossas asas e tentar voar como as águias douradas que nascemos para ser.

Então, por que ser uma galinha quando você pode ser uma águia?

Este livro vai ajudá-lo a examinar as histórias em que você acredita. Aquelas que você está contando para si mesmo diariamente, e as novas que você pode adaptar para se tornar a pessoa realizada e feliz que foi criada para ser.

Esperamos que as histórias deste livro possam inspirá-lo na próxima vez em que você se deparar com a adversidade ou se questionar sobre o que pode conseguir na vida.

E, agora, uma parábola compartilhada por Richard que fala também sobre o papel que as histórias representam em nossas vidas...

A história dos caçadores

Um grupo de caçadores voou para o Alasca para caçar um enorme urso polar. Tomaram um avião grande para Anchorage e, em seguida, um pequeno para voar até as geleiras. Passaram uma semana em busca de seu prêmio e, finalmente, se depararam com um urso polar e o mataram. Realizados com o feito, arrastaram sua presa para o pequeno avião.

O piloto, horrorizado, disse que não seria possível decolar com o urso dentro do avião. Era muito peso para o tamanho da aeronave. Mas os caçadores insistiram que precisavam levar o urso com eles. Afinal, era o prêmio deles, o troféu.

Relutante, o piloto acabou concordando, e eles voaram para longe da geleira.

No entanto, pouco tempo depois, o peso foi demais para o pequeno avião, que se espatifou no chão.

Felizmente, todos sobreviveram e conseguiram sair dos destroços.

O piloto, descrente, ficou olhando para todos aqueles caçadores sentados na neve. Ele se espantou ao ver que eles não estavam tristes. Em vez disso, alegremente, dançavam e celebravam.

Não aguentando mais de curiosidade, o piloto perguntou para um caçador:

– Por que vocês estão tão felizes?

O caçador respondeu:

– Ora, caímos um quilômetro mais perto de casa este ano do que no ano passado.

Como todas as boas histórias, esta tem um significado profundo para nossa reflexão. Nosso dia a dia está cheio de falhas, fracassos e de momentos em que não alcançamos nossos objetivos.

Quando isso acontece, não podemos nos deprimir. Não devemos deixar que esses momentos nos definam e nos detenham.

Como os caçadores dessa história, precisamos aprender a dançar e cantar mesmo quando as coisas parecerem sombrias. Devemos reconhecer nossas conquistas e celebrá-las.

"Deus nos dá pessoas e coisas para aprendermos a alegria. Depois retoma coisas e pessoas para ver se já somos capazes da alegria sozinhos. Essa é a alegria que Ele quer."
João Guimarães Rosa (1908-1967)

CAPÍTULO 2

SEU DESTINO EM SUAS MÃOS

"Destino não é uma questão de acaso. É uma questão de escolha. Não é uma coisa para ser esperada, é algo a ser alcançado."
William Jennings Bryan (1860-1925)

Você já deve ter observado que este livro está lhe mostrando como reescrever suas histórias de fracassos e transformá-los em sucessos. Vai também lhe ensinar a sair do papel de vítima e se tornar 100% responsável por suas mudanças e, consequentemente, por seu destino.

Ao valorizar o positivo e deixar irem embora as experiências negativas de sua vida, você pode revisar e reescrever suas histórias de forma que elas representem um fortalecimento, ao invés de um enfraquecimento para você. Afinal, ninguém melhor do que você mesmo para ser o autor, o ator principal e o herói de sua própria história.

Entenda que todo problema ou tragédia traz consigo uma oportunidade de crescimento e alegria. Então, quando você se encontrar em uma das muitas tempestades da vida, não corra para dentro de casa e se esconda. Abra a porta e dê um passo à frente com fé na Providência Divina. Abra sua mente e seu coração e, assim, você encontrará o seu arco-íris - o começo de um novo capítulo feliz de sua própria história.

Agora, você vai saber como Eliana e Richard se encontraram e mudaram suas histórias.

O destino não é mero acaso

Eu vivia um momento muito especial em minha vida. Eu e meu marido, Fernando, tínhamos voado de São Paulo para Atlanta, nos Estados Unidos, para uma conferência de escritores da qual eu faria parte, um evento literário de três dias em que eu seria uma das palestrantes convidadas. Para mim, uma oportunidade de valor inestimável, pois um dos meus sonhos sempre foi fazer parte do mercado literário norte-americano.

Na quinta-feira, um dia antes do evento, encontrei-me com os organizadores. Muitos outros autores brasileiros chegaram nesse mesmo dia.

Na manhã de sexta-feira, o dia da abertura oficial, todos os participantes e palestrantes combinaram de se encontrar no *lobby* do hotel, e, de lá, seguir juntos para a cerimônia de abertura, realizada na Prefeitura da cidade de Atlanta. Caprichei no visual e cuidei para que Fernando também estivesse bem-vestido.

Quando chegamos ao andar térreo do hotel e a porta do elevador se abriu, pude ouvir a agitação e meu coração disparou. Lá estava eu!

Mas não foi como eu esperava. Quando meu marido e eu demos uma volta pelo saguão, vi que meu assessor literário, James McSill, que sempre conversava em português comigo, estava conversando em inglês. Todo mundo parecia estar conversando em inglês. Fui chamada para um grupo, apresentada a eles, que sorriram para mim. Eu sorri de volta, eles tentaram uma pequena conversa, mas, para dizer a verdade, além do "Estou bem, obrigada", eu não consegui falar mais nada. Senti-me presa, trancada dentro de mim, surda, muda. O que não era novidade. Eu até poderia ler um pouco de inglês, mas aquelas conversas não eram legendadas.

Senti vontade de voltar para o quarto. Meus amigos brasileiros falavam inglês com os norte-americanos e eu apenas sorri, envergonhada, tentando disfarçar minha dificuldade.

E para piorar a situação, no dia anterior, eu havia perdido minha bolsa com todos os meus objetos de valor – dinheiro e todos os nossos cartões de crédito. A carteira de Fernando também estava lá. Meu estômago dava reviravoltas tão terríveis quanto aqueles pensamentos que insistiam em passar por minha mente. Não aguentando mais essa situação, resolvi tentar mudar meu estado mental, substituindo-o, como eu havia sugerido ao Fernando, com pensamentos de esperança.

O sentimento de perda para o cérebro é bastante interessante. Tudo o que você perde na vida continua martelando em sua mente. Você não fica tranquilo enquanto não encontrar a tal coisa perdida, ou, pelo menos, algo que possa substituí-la.

Quanto à bolsa, seria melhor ficar pensando só nela, mas eu precisava me concentrar no evento. Ali foi possível ver que não seria fácil estar com tantas pessoas falando inglês ao mesmo tempo. Isso começou a me perturbar.

E ficou pior.

James finalmente virou-se para mim e, em português, perguntou-nos se Paula Munier, na época editora da Adams Media, poderia vir conosco em nosso carro.

No trajeto do hotel para a Prefeitura, James e Paula conversavam, enquanto ele, gentilmente, traduzia para mim e Fernando, eu tentava prestar atenção no trânsito, para ajudar meu marido com as instruções do GPS. Foi então que Paula me perguntou algo diretamente. Respirei fundo e tentei entender o que ela estava dizendo. Mas na metade da pergunta, eu já havia me perdido. E todos nós acabamos nos perdendo. Perdemos o sinal do GPS e meu marido pegou o caminho errado.

Finalmente chegamos à Prefeitura. James e Paula conversavam sem parar, ele balbuciou algumas palavras em português aqui e ali, mas, para ser honesta, apesar de entender que Paula tinha algumas ligações familiares com o Brasil, eu não tinha ideia do que estavam falando.

Fiquei arrasada, mas tentei esconder e pensei que, aos poucos, eu melhoraria a minha compreensão da língua inglesa e me sentiria mais à vontade. Fernando caminhou comigo, de braços dados.

Com o ar fresco do edifício, na gigantesca sala que parecia de um castelo europeu, eu me senti mais calma, aliviada por ter chegado com os nossos convidados a tempo para a abertura. Eles foram para seus lugares e eu me sentei com meu marido na fileira do meio. Ele segurou minha mão e sorriu.

– Vai ficar tudo bem – disse ele.
– Lindo salão – eu disse.

Foi um dia muito importante, com a presença não só de grandes palestrantes e seus ensinamentos, mas também de autoridades norte-americanas e brasileiras. De alguma forma, mesmo sem tradução, comecei a relaxar e a me divertir. Eu não conseguia entender tudo, mas senti que podia entender o suficiente para saber o que realmente estava acontecendo.

Na hora do almoço, James convidou-nos para irmos a um restaurante próximo e nos disse para não nos preocuparmos com dinheiro – seríamos seus convidados. Mesmo assim, tivemos de pedir a ele que nos emprestasse alguns dólares, porque não podíamos gastar o que havia sobrado no bolso do Fernando. Ninguém tinha certeza se minha bolsa iria aparecer. E até ela voltar para mim, ou não, não tínhamos nenhum número para ligar para o Brasil e pedir transferência de dinheiro, ou para os bancos, para cancelar os cartões de crédito. E se meus cartões tivessem sido roubados e alguém os usasse indevidamente? Minha mente não descansava um minuto sequer, embora eu insistisse em pensar de forma positiva.

Na parte da tarde, tive a oportunidade de descobrir o carisma do Professor Richard Krevolin, que por duas horas falou sobre os segredos das histórias que encantam os leitores. Seus criativos slides deslizavam sobre a tela. Ele fez algumas perguntas, muitas pessoas participaram, outras riram muito. *Isso é maravilhoso*, eu pensei, mas a quantas conferências eu teria de assistir e quantas horas de aulas particulares de inglês eu teria de ter antes que eu pudesse entender completamente o que um conferencista desse calibre estava dizendo?

Percebendo meu semblante preocupado, Fernando me perguntou:
– O que há de errado, meu amor?
– Nada, Fernando. Apenas uma sensação de desconforto. O que estou fazendo aqui se não posso ser eu mesma? Eu vim para este evento para acrescentar algo à minha carreira, não é? Não para ficar sentada neste salão por seis horas e ver os outros se comunicar... Os outros estão se divertindo.
– Isso vai melhorar, Eliana. Vamos ficar.

– Talvez sim, talvez não – eu falei.

E devo ter dito isso muito alto, pois Richard olhou para mim e sorriu. Achei seu sorriso tranquilizador e reconfortante, e mudei de ideia.

– Ok, Fernando. Vou ficar – eu disse em um sussurro.

Essa foi uma boa escolha. Quando eu decidi ficar, encorajada pelo sorriso de Richard, eu comecei a escrever uma nova história de mim mesma. A partir daquele momento, minha vida começaria a mudar.

E assim chegamos ao final do primeiro dia do evento. Voltamos para o hotel com James em nosso carro, e ele tentou acalmar minha ansiedade:

– A primeira coisa que vou fazer quando chegarmos lá, Eliana, é perguntar sobre sua bolsa no restaurante. Deixei meu número de celular para a recepcionista me ligar, caso eles a encontrassem.

– Há alguma ligação aí, James?

– Pode ser que os funcionários do restaurante estejam aguardando que a proprietária da bolsa procure por ela – explicou James. – Vamos ver.

Fernando não disse uma palavra no caminho de volta. Foi James quem tentou quebrar o gelo até chegarmos ao hotel. Eu continuava a desenhar em minha mente uma boa solução para esse problema.

Estacionamos o carro e corremos em direção ao restaurante, que estava aberto.

Para economizar tempo, James logo pediu para falar com o gerente e ele veio nos atender. Eu simplesmente não conseguira entender por que ele não havia respondido nem sim nem não. Ele voltou para dentro do restaurante e, logo após, apareceu com minha bolsa preta nas mãos. Eu dei um abraço em Fernando e em James, e estiquei os braços para pegar a bolsa, mas o gerente, segurando-a com força, disse: – Desculpe, senhora, mas para confirmar se a bolsa é sua, eu preciso abrir e verificar a documentação que a senhora afirma estar aqui dentro.

Fiquei feliz demais em ter minha bolsa de volta. Agradeci ao James por sua ajuda e dei mais um abraço em Fernando.

Desse episódio, aprendi duas preciosas lições: Primeira, nunca deixe todos os seus cartões de crédito e documentos em uma única bolsa. E, segunda, mantenha seu coração aberto quando os problemas surgirem, e você terá muito mais chances de encontrar as melhores soluções.

Nos dois dias seguintes, sábado e domingo, terminado o drama da bolsa, tive de direcionar minha atenção para as palestras que seriam realizadas em um lindo hotel, ao lado de onde estávamos hospedados.

Na verdade, apenas Fernando se divertiu filmando todas as belezas que viu na cidade e no hotel, pois eu, tensa demais, só pensava em como me comunicar melhor em inglês, pois queria muito ser compreendida pelos autores norte-americanos que tanto admirava.

Os organizadores do evento sugeriram que os palestrantes expusessem seus livros para os participantes e foi isso que eu fiz. James escolheu um local visível para meus livros, na parte da frente da sala de aula, em uma mesa ao lado da tela utilizada pelos palestrantes. Para mim, seria uma oportunidade única de compartilhar meu trabalho com estrangeiros.

Até então, tudo estava indo tão bem quanto eu havia imaginado. Muitos agentes e editores estavam curiosos com o talento dos escritores brasileiros, além de toda aquela agitação de um grupo de participantes apreensivos com o sonho de voltar para casa com novas possibilidades para suas carreiras.

Eu estava feliz. De forma alguma, eu dizia a mim mesma, poderia deixar de estar feliz. Mas meu perfeccionismo me incomodava e, com isso, sentia-me insegura. Não fui capaz de falar com Paula na sexta-feira, e tinha dificuldade em aceitar o fato de que eu não conseguia falar inglês fluentemente; e James dissera que não haveria tradução simultânea no evento. Isso era horrível. Os palestrantes que se apresentaram antes de mim, mesmo com seu inglês limitado, comunicavam, em minha opinião, com muito mais facilidade do que eu. A verdade é que o meu inglês era péssimo, e isso poderia me atrapalhar diante das oportunidades esperadas. Que falha!

Para alguém como eu, que tem orgulho de ser uma boa comunicadora em minha língua nativa, sentia-me realmente chateada de não ser capaz de me expressar em outro idioma. As mulheres norte-americanas, gentis, elogiavam meu cabelo ou minha roupa, e eu só entendia e agradecia. Eu queria retribuir o elogio, mas não podia dizer nada. Que angústia!

Ao visitarmos a sala onde eu daria minha palestra, meu marido tentou me encorajar:

— Não entendo por que tanta ansiedade, Eliana. Sua palestra será em português, então, qual é o motivo para pânico agora? Fique calma, vai dar tudo certo!

— Sim, Fernando, eu sei, mas eu deveria ter pleno domínio do inglês para falar fluentemente com os norte-americanos, para ouvir com calma e me sentir confortável nas conversas e bate-papos informais com meus colegas. Estou chateada porque eu poderia ter previsto essa dificuldade e queria ter estudado mais.

Naquele momento, eu estava quase perdendo o controle de minha mente, a barreira da língua foi me atormentando e eu pensando que a minha palestra seria um desastre: se as pessoas começassem a me fazer perguntas ou comentários, como é que eu justificaria minha dificuldade para os outros? E se o tradutor não conseguisse transmitir com fidelidade o que eu queria dizer, do jeito que gosto de falar? Será que o meu público me entenderia bem através de um intérprete? E o pior era o medo de perder as oportunidades que estavam começando a ser oferecidas a alguns participantes talentosos. Isso tudo me deixou paralisada e terminei dia com pensamentos negativos.

Na manhã seguinte, acordei agitada. Sonhei com uma pessoa que admiro demais, de quem sou fã desde minha adolescência: a princesa Diana. No sonho, falamos em inglês. Pelo estilo da arquitetura e da decoração, estávamos na sala de um palácio, sentadas em duas poltronas voltadas uma para a outra, separadas por uma pequena mesa cheia de enfeites de prata. Não me lembro das palavras, mas me recordo de que conversamos como velhas amigas. Rimos muito e ela, por vezes, segurou minhas mãos como se estivesse me dando conselhos.

Fiquei muito irritada quando o alarme do telefone celular de Fernando disparou e interrompeu meu sonho. *Veja só! Por que eu não falo inglês tão bem assim com todo mundo, hein?*, pensei.

Pouco tempo depois, estava eu novamente na vida real, onde os palestrantes falavam muito rápido e minha cabeça parecia que ia explodir. Eu amo o idioma inglês, mas odeio não entender o que eles estão falando comigo.

Alguns amigos brasileiros nos convidaram para almoçar em um restaurante próximo, mas eu não estava disposta a reunir-me com ninguém. Se eu não conseguia, naquele momento, contagiar de forma positiva as pessoas ao meu redor, seria melhor me isolar e mandar embora meus sentimentos negativos. Preferi almoçar com meu marido no hotel.

Depois do almoço eu estava exausta, mentalmente cansada com o enorme esforço despendido para tentar traduzir, com meu inglês básico, até as mais simples gentilezas. Sentia meu peito apertado, precisava fazer alguma coisa para mudar essa situação.

Então, fui para meu quarto descansar um pouco.

Aproveitei o tempo para relaxar e escrever um pequeno artigo para um jornal brasileiro, onde tenho uma coluna semanal.

Deixe a vida fluir

>Nessa semana, estou em Atlanta, participando de um evento literário como palestrante convidada e quero compartilhar aqui minhas "aventuras". Na verdade, eu só imaginava alegria e prazer nessa viagem internacional, ainda mais para um país do qual gosto tanto. Entretanto, dessa vez não está sendo tão fácil assim, primeiro pela ansiedade de ser palestrante em um evento tão importante aqui, nos Estados Unidos, e, depois, porque, nesses dias, passei por alguns contratempos que me geraram um forte desgaste emocional. Perdi minha bolsa, em um restaurante, com todos os documentos (meus e de meu marido), dinheiro e cartões de crédito, e para completar, estou muito frustrada por não falar inglês tão bem quanto deveria. Como você acha que me senti? Certamente, muito desapontada e apreensiva quando tudo aconteceu. Porém, quando encontrei minha bolsa, um dia depois, guardada com o gerente do restaurante e intacta, senti-me mais confiante e resolvi mudar o teor dos meus pensamentos e parar de reclamar. Afinal, o que vi foi que, até nos dias mais difíceis de nossas vidas, é possível conseguir um final feliz. O que não podemos, jamais, é perder a esperança.
>
>De agora em diante, para lidar melhor com as pressões do dia a dia, inclusive as que ainda terei de enfrentar por aqui, decidi que

vou ampliar minha autoconfiança e começar a deixar a vida fluir, aumentando, assim, minha fé na Providência Divina. Dessa forma, vou precisar de mais serenidade para entender que o Universo não funciona no ritmo da minha ansiedade. O que move as forças da Vida a meu favor são meus sonhos bem definidos e datados, bem como o foco que coloco na realização de cada um deles.

Daqui por diante, respeitarei meus limites e não sofrerei mais por perfeccionismo, não vou me sentir decepcionada com os planos que não se realizam exatamente como eu quero – vou me lembrar de que tenho um "Sócio" consciente da hora certa de me colocar nas mãos o que preciso.

E assim, viverei com otimismo, acreditando em dias melhores para minha vida, preparando-me com muito estudo e trabalho, conhecendo pessoas maravilhosas e inteligentes e, na medida do possível, compartilhando minhas experiências com todos que tenho a alegria de encontrar em minha jornada.

Espero, amigo leitor, que você aproveite meu exemplo e compreenda que tudo o que Deus permite que nos aconteça é sempre para nosso bem – mesmo parecendo uma tragédia, à primeira vista. O Universo está vibrando para que você viva uma história de sucesso e prosperidade!

Se você já faz a sua parte e é uma pessoa dedicada e positiva, então relaxe e deixe a vida fluir! Vai dar tudo certo para você também!

Na verdade, sem perceber, acabei escrevendo para mim mesma, para me doutrinar e me acalmar. Antes de enviar o texto para o jornal, eu já me sentia mais viva, esperançosa. Não aquela esperança de muitos que estão esperando as coisas ocorrerem, mas a esperança ativa, que me diz que eu tenho força interior para fazer as coisas acontecerem, usando minha vontade e imaginação. Enquanto eu escrevia, dentro de mim foram sendo resgatadas a coragem e a gratidão por estar vivendo aquele momento. A cada frase eu parava, olhava pela janela para aqueles prédios modernos perto do Teatro Fox ali na minha frente, e me alegrava.

Quando terminei o texto, durante a primeira de muitas revisões que faço nos meus escritos, entendi o que tinha acontecido comigo, me sentia mais leve, suave e tranquila. Muito mais confiante! Observei que minha respiração já não estava ofegante nem ansiosa. Levantei-me da cadeira, me olhei no espelho, e até mesmo minha postura mudara. Ali também percebi que eu começara a recuperar o brilho nos olhos. Agora, sim, estava acreditando em mim mesma!

Lembrei-me do sonho com a princesa Diana e a minha autoconfiança durante aquele agradável bate-papo.

Arrebatada por esses novos pensamentos, dei um pulo em nossa cama e acordei meu marido:

— Sabe, Fernando, não vou ficar estressada com os fatos nem com a maneira que eles vão acontecer. Chega! Agora vou deixar a vida fluir.

No início, ele não entendeu nada, mas eu sabia o que estava fazendo!

Assim, novamente dona das minhas emoções, voltei mais segura para assistir a outra palestra brilhante do Professor Richard Krevolin, e procurei deixar as coisas fluírem. Toda minha energia mudara. Eu estava mais otimista e nem um pouco ansiosa. Nesse estado mental, consegui até entender melhor a palestra em inglês.

Quando ele terminou de falar, durante os cumprimentos e autógrafos, fomos apresentados e tivemos uma conversa interessante. O escritor brasileiro Ricardo Ragazzo foi nosso intérprete.

O Professor Krevolin, amável, elogiou meus livros, expostos na mesa principal do salão, e fez um comentário interessante sobre a imagem de uma chave no folder que eu entreguei a ele.

A pedido de Richard, Ragazzo traduziu os dizeres do folder: "Com você, a chave para abrir seu baú interno de potencialidades e talentos!".

— Essa chave simboliza o trabalho que eu faço – expliquei a Richard.

Ele disse que admirava o tipo de trabalho que eu realizo, motivando pessoas, e ali em pé, diante de mim e de Ragazzo, me surpreendeu:

— Eliana, você aceita escrever um livro comigo, com histórias inspiradoras que vivenciamos desde a infância, para juntos incentivarmos as pessoas a acreditar em seu potencial e, assim, transformar as histórias de suas próprias vidas?

Foi como mágica! Não precisei de Ragazzo para traduzir uma única palavra. Eu havia entendido a proposta de Richard em inglês! Sim, em inglês! Mas para confirmar, esperei a tradução do nosso amigo. Ragazzo repetiu em português o que eu já sabia.

Sim!

Era a oportunidade que eu esperava!

É claro que eu não disse que iria pensar a respeito... Imagine... Aceitei na hora!

E aqui estamos nós – Richard e eu – com você, caro leitor, compartilhando os momentos mais ricos de nossas histórias, não só os mais felizes, mas também os dolorosos, porém cheios de ensinamentos que nos deixaram mais fortes e preparados para a vida.

E você sabe por que aquele texto que eu escrevi para o jornal brasileiro provocou em mim aquela mudança tão repentina? Vou lhe contar.

Ao abordar aquele assunto, senti desencadear em meu interior um processo de autoconhecimento e, assim, comecei a investigar em meus pensamentos e crenças qual seria a razão para tanto desconforto em falar inglês em público, o porquê desse bloqueio. Sabe o que descobri? Que a resposta estava em um sentimento de inibição que nada mais é do que orgulho. Sim, porque em minha língua materna, o português, eu sempre tive domínio para falar em público, câmeras e microfones nunca me intimidaram – ao contrário, eu os amo! Sempre me orgulhei de ser uma boa comunicadora. Porém, em inglês, ao tentar me expressar, eu me sentia exposta e envergonhada por não conseguir. Essa foi uma experiência muito decepcionante para mim, mas que, graças à atitude que tomei de sair da posição de vítima e erguer a cabeça, consegui mudar minha carreira de escritora e, consequentemente, minha história e minha vida.

– É isso mesmo, meu amor! – meu marido me disse mais tarde, naquele mesmo dia, quando me viu feliz e mais calma. – Você tem de confiar no Universo, porque eu sei que você não é aquele tipo de pessoa que fica inerte, esperando que as coisas aconteçam.

Ele então me abraçou apertado e acrescentou:

– Sou testemunha do seu trabalho intenso para que todos os seus sonhos se tornem realidade. Você merece! Vá para o evento confiante de que, no momento certo, tudo dará certo!

A palestra que fiz, no último dia do evento, foi ótima. Acima de tudo, diversão. As perguntas que eu não conseguia entender foram traduzidas para mim, e as que eu entendia eu mesma respondia em inglês, sem necessidade de tradução.

Nota: Hoje, cada vez que começo a ficar tensa quando tenho de conversar em inglês, eu escolho deixar a vida fluir, libero minha ansiedade e apenas respiro fundo. E sempre que estou em um restaurante, na saída, me lembro do episódio em Atlanta e pego minha bolsa!

E você, amigo leitor, lembre-se: Se você quer viver histórias de realizações, entenda que na vida não existe coincidência, existe consequência!
O destino não é mero acaso; ele é merecimento.
Assim, livre de crenças e scripts limitantes, e ciente de seus talentos e méritos, comece hoje a reescrever seu destino.

"*A vida é assim: esquenta e esfria, aperta e daí afrouxa, sossega e depois desinquieta. O que ela quer da gente é coragem.*"
João Guimarães Rosa (1908-1967)

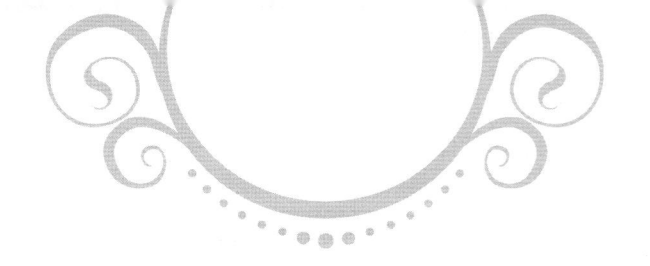

CAPÍTULO 3

O SEU "CHARACTER" E AS SUAS HISTÓRIAS

"O valor de qualquer coisa é a quantidade de vida que você tem de abrir mão para consegui-la."

Henry David Thoreau (1817-1862)

A vida pode ser dura. Não há dúvida sobre isso.

Mas também é claro que as pessoas têm reações diferentes diante dos naturais obstáculos que encontram em seu viver. Algumas delas, ao se deparar com as dificuldades, sentem-se vencidas e desistem, enquanto outras encaram essas mesmas dificuldades como uma necessária parte da vida; elas veem seus problemas como desafios que as inspiram a persistir em seus objetivos e a alcançar muito mais do que jamais haviam imaginado ser possível.

A forma como reagimos às dificuldades tem a ver com as crenças e os scripts que governam nossas vidas. Você é uma pessoa que se deixa vencer pelo fracasso? Ou você acredita que o fracasso possa ser usado como um passo para você crescer e vencer? Afinal, quais são as crenças e os scripts que ditam como você deve agir?

Aqui está uma história real contada por uma amiga de Richard, que nos mostra como os scripts que são impressos em nossas almas afetam a forma como lidamos com as dificuldades.

Confiando no poder da alegria

Quando eu era menina e passava por uma fase difícil, meu pai sempre dizia:
– Querida, tempos difíceis constroem o caráter, mas tempos difíceis sempre acabam. Basta seguir em frente e confiar no poder da alegria.

Então, nos meus trinta e poucos anos, meu pai me visitou no hospital onde fiquei internada depois de ser espancada e estuprada por dois adolescentes. Isso aconteceu poucos meses depois de eu ter recuperado a capacidade de andar após uma crise de esclerose múltipla, e cerca de dois anos depois de perder minha casa em um desagradável divórcio.

Ele estava realmente abalado, e irrompeu em soluços quando entrou no quarto. Ao ver meu pai tão angustiado, tentei consolá-lo dizendo que me sentia grata porque os garotos não me mataram. Eles não mostraram nenhuma compaixão e pareciam calmos – friamente calmos e mortalmente silenciosos – durante toda essa provação. Eles não se importavam por eu ser uma mãe com filhos para criar e a única coisa que queriam era divertimento.

Depois de ouvir minha história, meu pai, aborrecido ao extremo, não sabia o que dizer. Então repeti suas próprias palavras:
– Vai ficar tudo bem, papai. É como você sempre diz... Tempos difíceis constroem o caráter, mas tempos difíceis sempre acabam e, então, você tem de seguir em frente e confiar no poder da alegria.

Durante esse tempo, e ainda hoje, estou reescrevendo minha história, mas sem jamais permitir-me afogar em autopiedade ou sob o peso das coisas difíceis da vida. Claro, fico triste às vezes, especialmente quando alguém que eu amo tem um problema de saúde ou crise pessoal, mas lido com isso encontrando algo para ser grata em uma situação, e sempre me mantenho confiante no poder da alegria, como meu pai costumava dizer.

Mesmo depois de tantos anos que Marie, amiga de Richard, lhe revelou esse episódio, ele ainda pensa em como ela poderia ter vivido uma história muito diferente. Ao invés de ficar contando a história de uma jovem que foi vítima de um casamento infeliz com um alcoólatra, Marie reescreveu sua história e tornou-se uma mulher solteira que criou um lar feliz e saudável para si mesma e para seus filhos. Ela poderia contar a história de uma mãe solteira, vítima de um estupro violento que marcou sua vida com medo e amargura. Em vez disso, ela reescreveu essa história e tornou-se uma mulher confiante e bem sucedida.

Cada um de nós é o protagonista, o personagem principal, de nossa própria história de vida. Como nós respondemos aos bons e aos maus momentos em nossas vidas tem um papel na construção de nosso caráter, na determinação de quem nos tornamos. E isso define como nossas histórias se desenrolam. Quando confiamos no poder da alegria, não importando quão golpeados e feridos nos sentimos, nós nos movemos em direção a uma vida mais alegre e próspera, a vida que nascemos para viver.

Agora você vai ver como Richard aprendeu sobre caráter, e uma elucidativa lição a esse respeito.

O papel do "character"

Nota: A palavra "character", em inglês, ou "caráter", na língua portuguesa, é derivada do grego "kharasein", que significa "gravar, esboçar ou inscrever". Também é baseada no grego "kharacter", que é "tanto aquele que faz marcas nítidas, como as incisões que são feitas". Em português, os sentidos da palavra "caráter" são de certa forma parecidos ou interligados: "feitio moral, índole, marca, honradez, integridade etc.". Em inglês, entretanto, "character" pode ter o sentido de "personalidade, natureza, temperamento", mas também significa "personagem de uma história". A narrativa que se segue foi escrita por Richard, que é falante da língua inglesa, por isso decidi preservar a tradução da palavra "character" (entre aspas) para que o leitor de língua portuguesa entenda que o conceito trazido durante o texto é a acepção mais ampla da língua inglesa.

Como um menino que cresceu em Connecticut, minha vida foi muito fácil, mas eu costumava me queixar mesmo assim. Quando eu começava com minhas queixas, meu pai frequentemente dizia:

– Richie, pare de reclamar. O sofrimento é bom. Ele constrói o "character" (caráter).

Eu odiava quando ele dizia isso. Eu era jovem. Não me preocupava em construir "character" (caráter) nenhum. Eu não queria adversidade em minha vida. Somente desejava que tudo à minha volta funcionasse sem problemas.

Até hoje, sempre que as coisas vão mal, ouço essas palavras ecoando em meus ouvidos. "O sofrimento é bom. Ele constrói o 'character' (caráter)".

Mesmo que essa seja apenas uma maneira imaginária de reenquadrar experiências negativas, há muita verdade nessa afirmação. Alguns reveses podem ser bons para você. Não estamos defendendo aqui o sofrimento por atacado, mas um pouco de adversidade, de vez em quando, não deve ser vista como algo atípico, e sim como normal e saudável. Em nosso mundo de fast-food e de comunicação instantânea, é provável que o ato de lutar por suas conquistas, por um longo tempo, seja valioso para seu crescimento! Não queremos acrescentar mais dor ao mundo ou retornar a um "tempo mais simples" (se é que tal tempo existiu). Apenas pensamos que nessa busca de vitória a qualquer custo, de ser o "número um" da sociedade, alguém precisa se levantar e dizer que o fracasso é tão importante ou até mais do que o sucesso. O verdadeiro "character" (caráter) não é alimentado em uma atmosfera de sucesso fácil e instantâneo.

Sim, claro, existem casos de pessoas que sofreram e ainda não têm "character" (caráter). Mas a maioria das pessoas que são exemplos de "character" (caráter) são aquelas que, em algum ponto de suas vidas, foram atingidas por certo grau de sofrimento. Quem você acha que tem mais "character" (caráter): Nelson Mandela ou Kate Moss? Claro, as *top models* sofrem, mas não podemos comparar um rasgão em uma meia de nylon com décadas na prisão.

Como consultor literário, estou constantemente dizendo aos meus autores para injetar mais conflitos na vida de seus "characters" (personagens) em suas histórias, para tornar sua escrita mais viva. "Characters" (personagens) fictícios, assim como o "character" (caráter), emergem da luta. Ao viver com a adversidade e sobreviver, um "character" (personagem), seja de ficção ou real, pode adquirir uma bússola moral. Ele pode evoluir a tal ponto que se torna preparado para agir conscientemente em tempos de dificuldade. É aquela pessoa, homem ou mulher, equipada de bom "character" (caráter) que nos serve de modelo, porque em nossos corações acreditamos que ela terá coragem para agir corretamente em momentos de estresse, em vez de se dobrar e ser levada pelos caprichosos ventos da fortuna e da opinião pública.

E, então, falando de "characters" (personagens) e "character" (caráter), podemos dizer que "characters" (personagens) não são superfícies planas. Eles têm grande textura, estão cheios de incisões, rugas, são superfícies irregulares. Eles não são modelos de pele lisa e perfeita. "Characters" (personagens) deixam uma grande impressão sobre o mundo, e os acontecimentos em suas vidas ficam gravados neles.

Os diamantes são resultado de grande quantidade de pressão. Eles não emergem de uma vida fácil, sem estresse. As pérolas demoram muito para ser formadas, e só o são depois de um doloroso processo de fricção dentro da ostra.

Em vez de concordar com Heráclito, que disse que "'Character' (caráter) é destino", acreditamos que as ações de uma pessoa não são pré-determinadas pelo "character" (caráter) dela, mas o "character" (caráter) é determinado de forma consciente por cada indivíduo. O "character" (caráter) é uma escolha. Cada catástrofe em nossas vidas nos traz novas rugas e cabelos brancos, mas também deixa marcas em nosso "eu" e delineia nosso verdadeiro "character" (caráter). Então, não somos vítimas de nosso "character" (caráter), mas os criadores de nós mesmos, de nossas histórias e, como resultado, criadores dos "characters" (personagens) que nos tornamos – coadjuvantes ou heróis.

Quando meus autores escrevem suas histórias, muitas vezes eu lhes peço para desenvolverem mais seus "characters" (personagens) dentro dessas histórias. Eles o fazem, dotando-os de traços estranhos, peculiares e incomuns, o que não os tornam "characters" (personagens) memoráveis, apenas estranhos, peculiares e incomuns.

Enfim, os escritores podem controlar os "characters" (personagens) em suas histórias, mas nenhum de nós pode controlar as ações das outras pessoas ou "characters" (personagens) em nossas vidas. Tudo que podemos controlar são as nossas narrativas pessoais, como as vivenciamos e como elas influenciam a nossa forma de ver a vida. E a postura que assumimos diante da vida faz com que os outros nos percebam, de uma determinada maneira, como seres humanos.

Agora, Richard vai compartilhar dois contos diferentes que ilustram o papel importante que o nosso caráter desempenha em nossas histórias de vida.

A história do alfaiate mais lento do mundo

Um jovem visitou um alfaiate para encomendar um bonito smoking, feito sob medida, para seu casamento. O velho alfaiate tirou as medidas do jovem cliente e disse:
— Seu smoking estará pronto em poucas semanas.
O rapaz respondeu:
— Mas eu vou me casar em um mês, por isso vou precisar dele logo.
O velho alfaiate acenou e disse:
— Não se preocupe. Ele estará pronto a tempo e ficará muito bonito.
O jovem, ansioso, começou a ligar todos os dias para o alfaiate, verificando se a sua encomenda estava pronta. Semanas se passaram e nada... O smoking ainda não estava pronto.
Finalmente, quando faltava um dia para o casamento, o alfaiate avisou o jovem para vir buscar o smoking. O jovem correu para a loja e, aliviado, pegou sua encomenda. Quando ele estava saindo, parou, olhou para o velho alfaiate e falou:
— Senhor, me desculpe, mas eu tenho que te dizer: Deus levou apenas sete dias para fazer o mundo todo e você levou um mês inteiro para fazer apenas um smoking.
O velho alfaiate, muito tranquilo, respondeu:
— Bem, olhe para o mundo e olhe para seu lindo smoking!

Essa é, sem dúvida, uma história de controle. Não podemos controlar o mundo. Apenas podemos controlar certos aspectos de nossas vidas e da qualidade daquilo que criamos.
— Bem, olhe para o mundo e olhe para seu lindo smoking!
Podemos nos dobrar diante das dificuldades ou podemos rever nossas histórias e trabalhar duro para superar todos os obstáculos da vida que surgem em nosso caminho.

Isso é escolha nossa. Somos nós que escolhemos as histórias que vamos contar e viver, e somos os únicos com o poder de mudar essas histórias.

Alguns preferem ser coadjuvantes ou até figurantes da própria história, mas outros já compreendem seu papel diante da vida e se assumem como autores e protagonistas de suas próprias histórias. E você, quem é: coadjuvante ou protagonista?

Agora, mais um interessante conto compartilhado por Richard.

As falhas de cada um

Uma jovem chinesa levava dois potes grandes, ambos pendurados em cada ponta de uma vara que carregava sobre os ombros. Um dos potes tinha uma rachadura, enquanto o outro era perfeito e sempre chegava cheio de água.

No final de longas caminhadas entre o poço e a casa, o pote rachado chegava apenas pela metade. Por dois anos inteiros, isso aconteceu diariamente, com a menina levando para casa apenas um pote e meio de água.

Claro, o pote perfeito estava orgulhoso de suas realizações. Porém, o pote rachado, envergonhado de sua imperfeição, sentia-se miserável, pois só podia fazer metade do que tinha sido designado a fazer.

Depois de dois anos sofrendo com o que considerava uma amarga falha, um dia, perto do poço, ele falou para a menina:

— Estou com vergonha de mim mesmo, porque essa rachadura aqui do lado faz com que a água vaze por todo o caminho de volta para sua casa.

A jovem sorriu.

— Você notou que há flores no seu lado do caminho, mas não do lado do outro pote? Isso é porque eu, sabendo do seu defeito, plantei sementes de flores no seu lado do caminho, e cada dia, enquanto voltávamos, era você que molhava a terra. Por dois anos pude colher flores para ornamentar a mesa. Se você não fosse do jeito que é, não teríamos essa beleza para enfeitar minha casa.

Todos temos nossas falhas, mas são as rachaduras e falhas de cada um de nós que tornam nossa convivência mais interessante e gratificante. Por isso, procure considerar cada pessoa por aquilo que ela é, e valorizar tudo o que há de bom nela.

E, agora, mais uma história inspiradora, contada por um bom amigo do Professor Krevolin, um admirável consultor de marketing chamado Al Pirozzoli, sobre uma experiência de sua infância que lhe deixou uma marca indelével.

A lei dos *bullies*

Quando eu tinha uns 10 anos, mudei de uma cidade pequena para uma grande cidade. Eu era baixo para minha idade, e desde o primeiro dia na nova escola tive de tomar cuidado para não sofrer ataques das crianças valentonas. Por isso, eu sempre olhava por cima do ombro. Felizmente, para mim, durante o nosso primeiro recesso, conheci outro aluno novo na escola. Na verdade, uma menina de cabelos curtos chamada Helena. Ela era imigrante de Portugal e falava muito mal o inglês. Ela era baixa também, mas tinha habilidade em futebol, um esporte quase desconhecido pelas crianças da cidade naquele tempo. Ela sempre tinha uma bola de futebol com ela e gostava de exibir suas "embaixadinhas". Era surpreendente observar Helena em suas exibições. Começamos a chutar bola juntos, e mesmo com o inglês ruim que ela falava, nos tornamos amigos.

Poucos dias depois, estávamos juntos, conversando, quando um garoto grande, Frankie, de dentes estragados, espinhas no rosto e cabelo cortado à escovinha, aproximou-se. Frankie logo imaginou que essa menina baixinha e que não podia falar inglês era um alvo fácil – você sabe, o caminho da menor resistência. Então ele pegou Helena pela camisa, tirou a bola das mãos dela e exigiu:

– Vamos, Helena, me dê seu dinheiro do almoço ou você e seu amigo vão apanhar.

Helena levantou as mãos em sinal de rendição aparente e disse:

– Ok, ok. – Ela deu um passo atrás, como se estivesse se preparando para mexer na bolsa, quando, de repente, saltou no ar e atacou Frankie com um chute frontal. Era como se eu estivesse assistindo ao jovem Bruce Lee em ação. Foi uma das coisas mais incríveis que eu já tinha visto!

Como uma sequoia que acabara de ser cortada com uma serra elétrica, o corpo grande de Frankie tombou no chão. Helena não tripudiou nem nada. Só pegou a bola e se foi. Eu não pude resistir e, então, inclinei-me sobre o corpo de Frankie, caído de bruços, agarrei-o pelo colarinho da camisa e gritei na cara dele:

– Se você tentar de novo, cara, nós não vamos deixar barato! – Então, larguei Frankie caído no chão e saí atrás de Helena.

Frankie não nos perturbou mais, e eu descobri que Helena tinha um irmão mais velho que lhe havia ensinado um pouco sobre futebol e brigas de rua. Mas talvez o mais importante que veio desse dia é que eu nunca mais olhei por cima do ombro. Veja você, naquele dia aprendi que as crianças geralmente maiores do que você ou que tenham fama de ser mais duronas não veem nenhum problema em roubar seu dinheiro do almoço. O pátio da escola é feito para presas fáceis. Independentemente do tamanho ou resistência, também descobri que esses *bullies* preferem tomar dinheiro do almoço usando o medo, a intimidação, em vez de realmente lutar por ele. O caminho da menor resistência parece ser uma lei que rege a mente do agressor. Na verdade, descobri que essa é a primeira lei do roubo.

Eu compreendi, também, uma segunda lei. Resistindo à primeira lei habilmente, você mantém seu dinheiro do almoço. Você deixa de ser um alvo se o prêmio requer muito esforço para ser conseguido. Quando há sofrimento do agressor associado com o ataque, pode não valer a pena. A chave aqui é resistir com habilidade.

Como cresci e ganhei o mundo, descobri a presença de provocadores em toda parte. E se você permitir, eles vão tomar seu dinheiro do almoço. Esses agressores materializam-se em uma grande variedade de formas: os chamados amigos ou até mesmo membros da família, colegas de trabalho e patrões. Mas, neste nível, não são dólares e moedas que eles querem, mas o seu brilho interior, suas habilidades naturais e talentos, seu potencial para se destacar. Essa é a forma mais devastadora de roubar seu dinheiro do almoço.

Quando as empresas retêm as oportunidades, quando suas ideias são ignoradas ou desvalorizadas, quando sua dignidade é ferida, isso são formas sofisticadas de roubar o seu dinheiro do almoço. Quando você limita a si mesmo, perde a autoconfiança, se acomoda ou desiste, então você está, na verdade, roubando o seu próprio dinheiro do almoço – a forma mais grave de furto. Haverá sempre Frankies andando tanto "lá fora" (no mundo) como "aí dentro" (na sua cabeça).

> *Tenha em mente que quando o provocador do pátio da escola rouba seu dinheiro do almoço, você passa fome durante o dia. Quando o mundo o rouba, você se sente desnutrido, sem apoio da vida; segue atrofiado e nunca cresce. Por outro lado, quando você segue o seu brilho interior (que mostra que você é naturalmente bom, com dons e talentos), você traz mudanças importantes para suas áreas de influência e, de forma geral, para o mundo.*
>
> *Deus criou todos com certos dons. Então, que o seu trabalho na vida seja encontrar os dons com os quais Deus o dotou, desenvolver esses dons e depois compartilhá-los com o mundo.*

Agora, uma história inspiradora sobre uma amiga de Eliana que mostra como os scripts e as histórias que contamos a nós mesmos impactam nosso caráter e nossas vidas.

A leveza emocional do perdão

Conheci Brenda Watson – vamos chamá-la assim para preservar seu nome real – em um curso de extensão universitária, sobre como atuar em comerciais de TV, que fiz na Universidade da Califórnia em Los Angeles (UCLA), no outono de 2008, quando morei com minha família, por uma temporada, em Los Angeles, nos Estados Unidos. Brenda, casada com um brasileiro, falava bem português, e acabamos nos tornando amigas.

Nossa amizade ultrapassou fronteiras, mesmo de volta ao Brasil, mantivemos contato pelo Skype, onde trocávamos experiências sobre nossas vidas.

Brenda e eu temos quase a mesma idade, ela é apenas dois anos mais nova, e nos identificamos bastante porque, assim como eu, ela buscava ter um corpo mais magro e saudável. Nossas conversas sempre terminavam em temas como emagrecimento, exercício físico, alimentação balanceada. O que eu não sabia, quando a conheci, é que Brenda já havia passado por uma cirurgia bariátrica, emagrecido 48 quilos em um ano e, após toda a alegria de ter um corpo novo e várias cirurgias plásticas para recuperar suas formas, ela voltou a engordar. Foi depois de alguns meses que ela me contou sobre a insatisfação que estava vivendo por ver todos os seus problemas de obesidade voltarem a tomar conta de seus dias. Assim, o nosso vínculo de amigas foi aumentando, e, certo dia, ela me chamou pelo Skype, pedindo meu apoio. Contou que mesmo com o estômago reduzido, engordara de novo e já adquirira de volta 25 quilos. Completamente arrasada, ela disse que não adiantara tanto sofrimento.

Brenda relatou que, sem saber mais o que fazer com aquela gordura persistente, procurara o apoio de um psiquiatra, que a diagnosticou com depressão e receitou um medicamento para combatê-la. Brenda falou que o médico explicara que era possível haver alguma coisa, na mente dela ou em suas emoções, sabotando seu emagrecimento – algo mais profundo no passado, talvez na própria infância, que poderia ter causado um abalo e estar influenciando sua vida por tantas décadas. Eu concordei e expliquei a ela que é em nosso inconsciente que guardamos experiências negativas de tempos antigos, e elas podem nos perseguir a vida toda, na forma de autossabotagens e de autopunição.

Brenda foi enfática quando me disse:

– Eliana, preciso dar um basta nessa história de sofrimento! Pareço uma cadeira de balanço, em algumas fases estou bem, em outras estou mal, isso precisa mudar!

Vendo-a tão triste, mas ao mesmo tempo determinada, expliquei a ela como é comum vermos vidas promissoras serem destruídas por causa de lixo emocional, emoções negativas guardadas no inconsciente. Era hora mesmo de mudar!

Ela revelou que seu psiquiatra lhe sugerira pelo menos uma sessão de hipnose, na qual ele poderia ajudá-la a descobrir, de uma vez por todas, a causa, ou as causas inconscientes, da sua obesidade. E ela aceitou na hora.

Fiquei um pouco preocupada – hipnose é coisa séria – e falei isso para ela. Mas Brenda disse ter confiança absoluta em seu médico:

– Nesse desespero que estou, Eliana, aceitei na hora. Pensei que a cirurgia fosse resolver essa questão na minha vida, mas me enganei de novo. Parei de acreditar em milagres...

E foi então que ela me fez um inusitado convite, queria que eu a acompanhasse nessa sessão de hipnose. Disse que confiava muito em mim e que eu até poderia, depois, aproveitar a história dela em minhas palestras e livros. Mas como eu poderia acompanhá-la nessa sessão de hipnose se estávamos a milhares e milhares de quilômetros de distância? Por acaso seu médico estaria no Brasil?

Brenda respondeu:

– Eliana, meu médico é brasileiro, vamos inclusive fazer a terapia em português, mas ele mora aqui em Los Angeles. Quanto à distância, você se esqueceu de que com a internet estou bem perto de você?

Ela havia conseguido com o seu médico uma autorização para conectar o laptop dela ao Skype durante a sessão e eu, do Brasil, poderia ver tudo acontecendo com ela em tempo real. Abençoada tecnologia!

– Você aceita? Diga que sim, por favor!

– Claro! Sendo assim, aceito o convite! E você pode contar com minha discrição.

– Ah, me sinto muito mais segura agora, Eliana.

– E eu estou feliz em saber que você quer compartilhar comigo e com o mundo seu caminho de transformação. Vai dar certo, Brenda!

E assim, três dias depois, por meio da internet, Brenda me apresentou ao seu psiquiatra, um homem de aparência simples e olhar sábio. Alguém que transmitia muita credibilidade!

Ela colocou seu laptop sobre a mesa, para que escutássemos as explicações iniciais do médico sobre a hipnose. Nenhuma novidade para mim, depois de vários cursos nessa área. O mais importante é que ele deixou bem claro a Brenda que não havia perigo algum, e, devido à proteção da mente dela e de seu próprio "anjo da guarda", ela só iria lembrar daquilo que fosse importante para a sua cura. Achei interessante o médico falar em anjo guardião, sinal de que era uma pessoa espiritualizada, e imaginei que seu método de trabalho provavelmente seria holístico.

Depois de todos os esclarecimentos, Dr. Mauro a conduziu para um divã, nessa mesma sala, onde Brenda foi logo se deitando.

Seu médico sentou-se na outra poltrona, ao lado do divã, perto da cabeceira, e colocou o aparelho de Brenda em sua mesa, voltado para ela, assim eu acompanharia todo o transe hipnótico de minha amiga.

Após algumas instruções, ele deixou a iluminação suave, colocou um cd de música erudita, e, assim, iniciou a hipnose, com uma programação em um tom baixo, lento e ritmado. Confesso que, mesmo distante, precisei me vigiar para não entrar em transe também.

Em pouco menos de dois minutos, marquei em meu relógio, Brenda já parecia hipnotizada, com uma respiração serena e em estado total de relaxamento.

O psiquiatra, então, ordenou:

— Brenda, hoje vamos procurar e encontrar a causa de sua obesidade. Por isso, libere sua mente para viajar de volta no tempo, e pare exatamente onde e quando começaram a surgir situações que marcaram sua vida nesse sentido.

Brenda permaneceu em silêncio por alguns segundos, e, de repente, de olhos fechados, começou a chorar, e tal qual uma criancinha de colo, encolheu-se toda no divã.

Dr. Mauro perguntou a Brenda o que ela estava presenciando naquele momento.

E ela, entre soluços, respondeu:

— Estou me vendo como recém-nascida... Causei muita dor à minha mãe no parto. Ela não está feliz, parece triste e emburrada. Deve estar cansada, não é?

Ele, então, perguntou se ali havia mais alguém com elas e Brenda, com um ar de alívio, contou que via seu pai segurando-a no colo, cheio de amor.

— Ele está dizendo que sou a luz da vida dele, ah... que bom ouvir isso...

Depois de responder ao médico que não conseguia ver mais ninguém, nesse momento, ela informou que o tempo parecia ter passado um pouco, porque agora via a si mesma com uns dois meses de idade, no colo de sua mãe:

— Ela me levou para a banheira, para me dar banho. Estou com medo...

— E, nessa hora, ela estremeceu e se envolveu em um autoabraço. — E continuou: – Por que minha mãe ficou brava comigo? Ela me segura com raiva, aperta meus bracinhos e acho que vou me afogar... Ai... isso é muito difícil...

– Relaxe, Brenda, isso não é mais real. É apenas uma lembrança, já passou – explicou o médico, falando devagar.

E ela continuou a relatar que, naquele momento, vivia uma nova cena: sua mãe trocava sua fralda com gestos nervosos, sacudindo-a.

– Como pode, Dr. Mauro? Ela está dizendo para mim que eu sou a causa do sofrimento dela. O que é isso? Ela acabou de dizer que eu não devia ter nascido... Oh, meu Deus, como uma mãe pode falar assim? Estou olhando para ela, eu quero amor, estou chorando, e quanto mais eu choro, mais ela fica com raiva de mim. Cadê o meu pai? Sinto medo da minha mãe, mas não consigo dizer nada... Eu não vou aguentar, Dr. Mauro. É muito doloroso... Ah..., ainda bem, minha avó chegou!

O médico, aproveitando o alívio de Brenda, perguntou a ela como a avó a tratava.

Brenda disse que a avó parecia gostar muito dela, colocou-a no colo e estava arrumando seus cabelos e lhe dando beijinhos.

– Ah... ela é muito carinhosa... Mas sabe o que é estranho? Na frente da minha avó, minha mãe começou a me fazer carinho, dizer que sou linda... Não entendo, porque quando eu estava sozinha com ela, ela não falou comigo assim... Ah, é tão bom ouvir palavras carinhosas da mamãe...

Eu acompanhava tudo, muito comovida.

– Dr. Mauro, pelo amor de Deus, explique-me essas lembranças. Estou horrorizada! Como uma mãe pode ser tão fria assim com um bebê indefeso? – pediu Brenda, enxugando as lágrimas.

E ele, calmamente, aproximando sua poltrona do divã, disse:

– Brenda, ao começarmos a desenrolar esse novelo do seu passado, já deu para você perceber que sua infância, principalmente essa fase de bebê, tão sensível, não foi um mar de rosas.

Ele explicou, então, que eles precisariam ir mais fundo nessa investigação se ela quisesse realmente descobrir por que o inconsciente dela insistia tanto em lhe deixar obesa.

– Lembra-se de quando você me contou que não tinha um bom relacionamento com sua mãe e eu lhe disse que isso precisava ser investigado melhor? Fale para mim sobre ela e a convivência de vocês. Você tinha alguma lembrança desses maus-tratos? – perguntou Dr. Mauro.

Brenda, enxugando as lágrimas, contou sobre o gênio inflexível da mãe, principalmente com ela. E disse que os familiares sempre comentaram sobre o ciúme que a mãe sente, até hoje, do relacionamento carinhoso entre ela e o pai.

Sobre o pai, Brenda disse:

– Ele sim, é uma pessoa do bem. Alegre, amoroso, cheio de gentilezas com todo mundo.

Contou que ele é compositor e saxofonista, um artista de muita sensibilidade. Brenda é a primogênita e tem um irmão quatro anos mais novo que ela – o queridinho da mamãe.

– Dr. Mauro, não consigo me lembrar da minha mãe fazendo carinhos em mim, nem na minha infância, nem mesmo de estar no colo dela, como eu me lembro de brincar no colo de meu pai, da minha avó e de minhas tias. Acho estranho... Até hoje, nunca havia me lembrado de maus-tratos por parte de minha mãe, mas também não me recordo, em toda minha vida, de uma cena feliz sequer com ela junto a mim.

O médico pediu-lhe que continuasse de olhos fechados, respirasse fundo, e contasse sobre sua adolescência e com que idade começou a engordar.

– Sabe, Dr. Mauro, não gosto de autopiedade, então nunca comento isso com ninguém. Mas a verdade é que sofri muito, porque minha mãe parecia querer competir comigo.

Brenda contou que sua mãe não lhe permitia se divertir, nem passear, nem namorar; que a tolhia de tudo que pudesse deixá-la mais alegre e solta.

– Nunca tive abertura para nenhuma conversa com ela, sempre tive medo daquela cara amarrada. Muitas vezes eu sentia vontade de pedir alguma coisa a ela, mas não tinha coragem, porque pressentia que sua resposta seria "não".

Brenda explicou que começou a comer com exagero no início da adolescência, e que sua mãe a perseguia por causa disso.

– Não consigo me esquecer das críticas e ironias que minha mãe fazia comigo. Às vezes, um simples olhar dela me deixava arrasada.

Brenda disse que passou uma adolescência muito solitária, sem o apoio materno nos momentos de dúvida, e que essa dificuldade na convivência entre elas sempre a deixou culpada, incomodada.

– Eu nunca soube o porquê dessa barreira entre nós, mas depois dessas revelações horríveis, estou começando a compreender, Dr. Mauro. Acho que, na verdade, minha mãe nunca gostou de mim!

O psiquiatra, visivelmente comovido com as experiências de Brenda, disse:

– Minha cara, embora você esteja sentindo-se tão rejeitada por sua mãe, lembre-se: você é uma vencedora! Apesar de tantas dores colocadas "debaixo do tapete", você sobreviveu! E o melhor, está passando seu passado a limpo para, de uma vez por todas, se libertar do sofrimento. Então, procure olhar tudo isso pelo lado positivo. Agora, você vai encontrar recursos internos para se curar de forma definitiva. Por isso, digo que a cura vem de dentro para fora, sempre!

Brenda voltou a chorar, um choro sentido, mas quase mudo, e perguntou ao médico se realmente seria bom para ela saber essas coisas ruins sobre sua mãe.

– Meus sentimentos agora ficaram conflitantes: estou sentindo muita raiva dela e me culpo por isso, afinal, ela é minha mãe! Talvez fosse melhor eu não saber de nada do meu passado...

Ali, do outro lado do mundo, senti vontade de abraçar minha amiga e dizer para ela ir em frente. Mas apenas pude rezar por ela.

Dr. Mauro respondeu:

– Brenda, essa destruição das ilusões em relação à sua mãe faz parte de um processo de autodesenvolvimento, no qual você irá construir uma nova imagem de você mesma: essa pessoa maravilhosa chamada Brenda Watson. Sentir raiva, nesse momento, é mais do que humano, e chega a ser necessário para alavancar sua vontade de mudar. Pare de exigir tanto de si mesma. Esse ressentimento vai amenizar aos poucos, à medida que você não julgar sua mãe, apenas aceitar o que não pode ser mudado.

Brenda quis saber como faria para ser uma filha dedicada depois de saber o que sua mãe aprontou com ela, na infância.

– Estou confusa... Talvez fosse melhor parar logo com essas lembranças...

O médico, calmo, respondeu:

– Brenda, não se cobre tanto. Tudo o que está acontecendo é absolutamente normal. O fato de você querer desistir de saber a verdade é autossabotagem. Há uma parte dentro de você querendo muito resolver essa questão da obesidade, querendo lhe ver curada. Porém, há outra parte que, no intuito de lhe proteger, ainda não sabemos do que, está sabotando seu tratamento. Jung, o famoso psiquiatra suíço, chamava essa parte de "sombra".

Dr. Mauro explicou que a "sombra" nunca nos prejudica por maldade, mas tentando chamar nossa atenção, afinal, ela representa tudo em nós que foi reprimido, jogado para debaixo do tapete, ao longo de nossas vidas.

– É por isso mesmo, Brenda, que devemos continuar nossa terapia, para você descobrir por que sua "sombra" está atrapalhando seu emagrecimento. Ao compreender as motivações dessa parte obscura de seu ser, torna-se possível reintegrá-la ao seu "eu", e é nesse processo que se inicia a libertação e a cura. É hora de encontrar todo o poder escondido dentro de você e mudar logo sua história!

Brenda, parecendo perturbada com tanta informação, perguntou ao médico como ele poderia lhe garantir que saber dessas coisas não iria deixá-la uma pessoa rancorosa e amarga.

– Estou me sentindo horrível... Eu não sou assim!

Dr. Mauro, sereno, respondeu:

– Brenda, confie. Embora muito sofridas, essas descobertas vão descortinar uma nova vida para você!

– Tudo bem, Dr. Mauro, vamos prosseguir! Cansei de dar voltas e não chegar a lugar nenhum – afirmou Brenda, com um longo suspiro.

Dr. Mauro novamente orientou Brenda para continuar voltando no tempo, quando começaram seus problemas com a obesidade.

Ela, então, relatou estar com uns dois anos de idade e ver sua mãe servindo uma refeição para ela.

– Ela está me criticando, falando que não sei comer direito, parece muito nervosa. Sabe o que ela disse? Que eu não devia ter nascido, porque meu pai agora só tem olhos para mim. Não gosto de ver isso, Dr. Mauro.

– Sei que é difícil, mas precisamos descobrir mais sobre essa fase de sua vida. Conte-me o que você vê, agora – pediu o médico.

Brenda disse que parecia que era bem tarde da noite, ela estava no berço e não queria dormir. Contou ao médico que seus familiares sempre comentavam sobre a insônia que ela teve até mais de um ano de idade.

– Estou nesses dias... Minha mãe parece revoltada por precisar ficar comigo, diz que tem de dormir bem para ir trabalhar no dia seguinte.

Ela fala um monte de bobagens: "Está vendo, porcaria! Você é um peso na minha vida, só me dá trabalho, nem dormir você me deixa! E se eu reclamo, seu pai te mima. Ah, eu não mereço isso, me ajude meu Deus! E é por sua causa, menina mimada, que estamos sem dinheiro. Só temos despesas com você!". Ela está muito brava, Dr. Mauro, e eu sinto meu estômago revirar... Acho que vou vomitar, não a bebezinha, mas eu mesma – e dizendo isso, colocou a mão direita sobre o estômago e a outra tampando sua boca.

O médico, com calma, disse a Brenda para continuar respirando fundo, logo ela iria melhorar. Pediu-lhe que não temesse a verdade nua e crua, pois através dela é que Brenda encontraria sua libertação. Quanto às náuseas, ele falou para ela não se preocupar, porque isso era sinal de que ela estava querendo colocar para fora tudo o que havia se aninhado dentro dela por tantas décadas. Era um bom sinal.

E, enquanto Brenda aprofundava sua respiração, Dr. Mauro lhe perguntou se ela era uma filha que tentava agradar muito a mãe.

– Demais, Dr. Mauro! Sempre procurei ser a filha certinha, boazinha, mas não adiantou. Minha mãe nunca teve olhos para mim, só cara feia.

Seu médico disse que ela estava indo bem na terapia e, com certeza, novos fatos seriam revelados. Pediu a ela para caminhar um pouco mais no tempo, porque, embora já tivesse muitos elementos para explicar a obesidade de Brenda, ele não iria falar nada ainda para não influenciá-la.

Ela o interrompeu:

– Dr. Mauro, não sei por que, mas estou sentindo muita fome. E não é a Brenda criança não, sou eu mesma, de novo. Estranho, não é? Há pouco eu queria vomitar, agora quero comer, por que isso está acontecendo comigo?

Ele a tranquilizou:

– Brenda, isso é pura carência afetiva. O verdadeiro alimento que você busca é o amor. Abra seus braços e dê um abraço bem apertado na pessoa mais importante de sua vida: você!

Do meu computador, eu acompanhava tudo, emocionada.

Brenda deu um forte abraço em si mesma, chorando muito.

Dr. Mauro sorriu e disse:

– Que bom te ver assim, Brenda, cuidando dessa pessoa tão especial!

E falou para ela não se sentir chocada, muito menos vítima de tudo o que está descobrindo, porque ela não é a única pessoa a passar por isso.

— Brenda, o bullying no ambiente familiar é mais comum do que imaginamos. Vamos em frente!

Então pediu novamente a ela para caminhar até um ponto de sua vida que pudesse trazer mais luz a essa questão da obesidade persistente.

Brenda continuou e, de repente, fez uma careta de dor:

— Dr. Mauro, estou me vendo agora com uns cinco anos de idade, gritando de dor porque esfreguei os olhos, e na ponta dos meus dedos tinha caldo de pimenta que minha mãe colocou para eu parar de roer as unhas. Não me lembrava desse acidente com a pimenta...

Quando ela parou de falar, Dr. Mauro explicou que as unhas representam proteção, aqueles que nos protegem, nossos pais.

— Roer unhas, Brenda, é uma forma inconsciente de a pessoa dizer que tem raiva reprimida de um dos pais. Toda criança sem afeto busca compensações, e você roía unhas não só porque guardava ressentimento de sua mãe, mas também para se destruir, se punir por causar tanto sofrimento a ela.

Depois de longo suspiro, minha amiga, ainda de olhos fechados, disse que estava cansada de só saber coisas ruins do passado dela.

Dr. Mauro, sorrindo, respondeu:

— Mas você não veio aqui, Brenda, para ficar sabendo dos momentos felizes do passado, e sim para conhecer culpas e mágoas guardadas em seu inconsciente que estão bloqueando sua felicidade.

O médico, confiante, pediu a ela que prosseguisse.

— Penso que já estamos chegando ao ponto e você vai gostar do resultado de tudo isso!

Brenda viu-se, então, entre nove e dez anos de idade, dentro do carro da família, junto com o pai e a mãe.

— Estamos parados em um congestionamento no trânsito. Uma mulher obesa atravessa a rua e meu pai comenta: "Que coisa horrível é mulher gorda!". Minha mãe dá uma risadinha, deve ter gostado do que ouviu, porque ela era bem magra. Foi então que fiquei sabendo que meu pai não gostava de mulher gorda. E eu sempre me lembro desse episódio, até já contei para algumas pessoas...

— Ok, Brenda! Muito bom! Acredito que já conseguimos acessar todas as memórias necessárias. Mas quem vai nos dizer se é hora de parar é você mesma. O que você acha? – perguntou Dr. Mauro, parecendo ansioso para revelar suas conclusões.

Ou a ansiedade seria minha?

— Por mim já basta, Dr. Mauro. Estou exausta e curiosa para ouvir o que senhor tem a dizer.

Dr. Mauro trouxe Brenda de volta do transe hipnótico e pediu a ela que se sentasse no divã para conversarem. Perguntou-lhe qual foi a pior sensação que ela teve ao ver a forma como sua mãe a tratava.

Brenda, respirando fundo, respondeu:

— Culpa, Dr. Mauro, muito mais culpa do que mágoa pelo bullying que sofri da minha própria mãe. Eu fui mesmo um peso na vida dela e, durante essas lembranças, me senti muito culpada por ter nascido, por dar trabalho para ela, e também por ser tão amada pelo meu pai.

O médico explicou:

— Brenda, sua mãe só achou que você era um fardo na vida dela porque ela é uma mulher egoísta, e isso você não vai poder mudar. O grande problema é você ter sido programada para acreditar que era um peso na vida de sua mãe, e, para se punir por isso, você foi se tornando um peso em sua própria vida, com todo esse excesso de gordura. Seu corpo está cansado de carregar essa sobrecarga, não está?

Brenda assentiu com a cabeça, chorando baixinho.

E o médico continuou:

— Você entende o que quero dizer? Você não vai mais se sentir culpada por ter sido amada por seu pai, por favor. É bom demais ter consciência disso tudo porque, agora, todas as máscaras estão caindo, e você vai poder, de forma definitiva, jogar suas culpas e seu excesso de peso no lixo.

Brenda ainda chorava, parecendo uma garotinha carente, ele ofereceu a ela um novo lenço de papel e continuou:

— E tem mais, quando seu pai afirmou não gostar de mulher gorda, dentro da Brenda menina foi acionada uma ordem inconsciente dizendo que se ela quisesse realmente ser amada e aceita pela mãe, precisaria ficar de um jeito que seu pai não mais a apreciasse, gorda!

Brenda concordou.

Dr. Mauro explicou que, na mente de Brenda, a única forma de tentar ser aceita pela mãe era ficando feia, para não ganhar mais elogios do pai.

E Brenda, já parecendo mais leve, completou:

– Agora, Dr. Mauro, está bem claro para mim, a minha culpa foi a maior responsável por minha obesidade!

O médico concordou e perguntou se ela tinha alguma pergunta a fazer.

Ela, provavelmente com muita coisa para assimilar, agradeceu, e, com os olhos inchados de tanto chorar, despediu-se do médico, mandou um beijo para mim pela webcam e desligou o aparelho.

Eu fiquei impressionada com o que presenciei, emocionada com a habilidade daquele médico de proporcionar à minha amiga a oportunidade de resgatar seu passado, mudar sua história e transformar sua vida.

No caminho de volta para casa, Brenda me enviou uma mensagem perguntando o que ela faria agora com tanta informação negativa a seu respeito.

Duas horas mais tarde, liguei para ela e disse:

– Brenda, minha amiga querida, isso não é informação negativa sobre você, e sim sobre seu passado, algo que não volta mais e que você não pode mudar. Então, o caminho certo agora é o do perdão, nos dois sentidos. Você vai se perdoar, de coração, e vai perdoar sua mãe!

Ela me disse que queria de verdade conseguir se perdoar e perdoar a mãe.

– Mas como vou esquecer tudo isso? Era melhor não ter sabido de nada!

– Ah, minha amiga, não saber de nada e continuar nessa luta infindável contra a obesidade? Por favor, não seja ingrata com o que lhe aconteceu! Essa foi uma oportunidade para poucas pessoas. Tenha paciência. Tudo virá a seu tempo.

– Tudo bem, Eliana, estou cansada, é isso! Mas como vou fazer com esse perdão? – indagou, ainda impaciente.

Expliquei a ela que perdoar não é esquecer. Nosso cérebro não é um computador em que podemos apagar o que não nos interessa.

– Perdoar, Brenda, é você, com inteligência, se recusar a guardar ressentimentos – puro lixo! – dentro de si mesma. Mágoas só trazem doenças e dificuldades financeiras. Mas sei que não é fácil, por isso, posso te passar algumas técnicas que ensino em minhas palestras. Quer aprender?

— Claro! Não quero lixo dentro de mim!

Então eu disse a ela para começar se perdoando dessa culpa infundada.

— Pegue uma foto sua, aos dois ou três anos de idade, e converse com essa menininha, fale palavras amorosas, de incentivo e, principalmente, de perdão. Dentro de nós temos um lado "criança", outro lado "adulto", e o lado "autoridade", também chamado de "pai interno". Se em nossa infância tivemos uma figura de autoridade que nos humilhava ou criticava, acabamos por desenvolver um "pai crítico" dentro de nós, que vai fazer de tudo para tolher nossa felicidade.

Expliquei a Brenda que com esse exercício seria mais fácil para a mente dela transformar o seu "pai crítico" interno em um "pai nutritivo", que suprisse com atenção e estímulos essa menina tão carente de afeto.

— Brenda, sua criança interior precisa crescer!

— Lindo isso, Eliana! Vou conversar com minha criancinha... — disse Brenda, animando-se.

— Sim, Brenda. E, depois de trabalhar o autoperdão, é hora de perdoar sua mãe!

— Humm... Será que vou conseguir?

Eu disse a ela que o grande segredo do perdão é a pessoa se desapegar da ideia de que o passado poderia ter sido diferente.

— Aceite seu passado e siga adiante. Procure dissociar a figura de mãe daquela mulher que lhe criou. Mãe de verdade não faz o que ela fez, então, veja-a simplesmente como uma pessoa que passou por sua vida, deu-lhe a oportunidade de nascer, seja grata por isso, mas que nunca lhe quis bem, e você não vai poder mudá-la só porque está sofrendo com essa situação.

Continuei explicando que quem deveria mudar de postura era ela, Brenda, parando de esperar carinho de quem nunca teve carinho para dar ou querendo que as pessoas fossem do jeito que ela imaginava ser o certo.

— Vou lhe ensinar algumas técnicas para facilitar seu perdão. Primeiro, comece a pensar em sua mãe de forma diferente: veja-a como um bebê, mexendo os bracinhos e as perninhas, e entenda que um dia ela também foi carente de amor e pode não ter recebido esse amor. Visualize-se pegando esse bebê em seu colo e o afagando.

Brenda ouvia tudo calada.

Então ensinei para ela outra técnica muito boa, que meu pai recomendava aos seus pacientes:

— Você vai fazer anotações de autoperdão e de perdão à sua mãe, sistematicamente, por vinte e um dias. A cada dia, preencha uma folha de caderno grande, escrevendo repetidamente em cada linha: "Eu declaro que me perdoo e perdoo minha mãe!". Respire fundo ao escrever cada linha, e se tiver muita dificuldade, se sua mão começar a travar na hora do exercício, pegue uma foto de sua mãe, olhe para ela, e continue a escrever.

Brenda me perguntou como esse exercício poderia dar certo, e eu expliquei a ela que essa é uma forma de trabalhar o perdão primeiro no nível da razão, e depois, automaticamente, o perdão passa a fazer parte de suas novas emoções.

— Ufa, falei demais, Brenda! Mas é isso aí! À medida que você for se desapegando do ressentimento, sua gordura irá se desintegrar e essa ansiedade que lhe acompanha há décadas vai lhe deixar em paz! E, por favor, nada de ter culpa por estar ressentida com sua mãe, viu? Chega de culpas em sua vida, minha amiga! Descanse agora e aproveite para refletir sobre essas descobertas.

Então, antes de desligar, ela me contou sobre uma longa viagem que faria ao Oriente, acompanhando o marido em uma missão profissional, e que ela iria aproveitar o novo ambiente para focar em sua transformação.

— Quero ver se consigo fazer um retiro espiritual em algum lugar sagrado do Tibete. Agora, mais do que nunca, sei o quanto preciso desse tempo só para mim – falou Brenda.

— Isso mesmo! Nada melhor do que trocar de ares quando precisamos repensar nossas histórias e programar mudanças em nossas vidas.

Só voltei a me encontrar com Brenda, pelo Skype, quatro meses depois – durante esse período, ela só me escreveu duas vezes, por e-mail, contando sobre a alegria de estar cuidando de si.

Ela estava de volta aos Estados Unidos e com ótima aparência! Contou-me que emagrecera 22 quilos, e o melhor: sentia-se muito otimista e disciplinada em seu novo estilo de vida.

— Eliana, minha amiga, parei de terceirizar minha felicidade e estou me sentindo muito bem com essa decisão – falou autoconfiante.

Ver Brenda saudável e de bem com a vida era a prova de que ela, finalmente, escolhera assumir o comando de sua vida e, assim, mudar sua própria história!

    Agora, eu lhe pergunto, caro leitor: Será que você carrega alguma culpa que desconhece de forma consciente? Será que você tem deixado a culpa roubar sua felicidade?

    Muita gente adoece e vive infeliz por causa da culpa, que intoxica as emoções. E, na verdade, a culpa é apenas um script que mantém a dor do passado viva e lhe impede de avançar. Você não consegue seguir adiante e ficar preso, ao mesmo tempo. Para ir em frente, além das experiências dolorosas de seu passado, você precisa abrir mão do lixo emocional que ficou dentro de você. Isso inclui qualquer culpa ou raiva que você está abrigando em relação àqueles que o magoaram.

    Para se tornar o herói de sua própria história, é preciso que você altere os scripts que regem sua vida, a fim de se livrar de tudo o que é desperdício emocional.

    Deixe de lado a negatividade. Livre-se do ônus da culpa. Perdoe a si mesmo e aos outros. Evite reclamar; seja grato por quem você é e o que você tem. Enfim, saia de sua frente e pare de atrapalhar a si mesmo!

    Assim, ao invés de sentir triste e sobrecarregado pelos problemas da vida, veja-os como medidas necessárias para que você possa realizar plenamente seu verdadeiro potencial. Permita que seu caráter seja moldado, agora, pelos scripts que você criar, e que essa transformação possa lhe proporcionar uma vida de saúde e felicidade!

    "A cada dia que vivo, mais me convenço de que o desperdício da vida está no amor que não damos, nas forças que não usamos, na prudência egoísta que nada arrisca e que, esquivando-nos do sofrimento, perdemos também a felicidade. A dor é inevitável. O sofrimento é opcional."
    Carlos Drummond de Andrade (1902-1987)

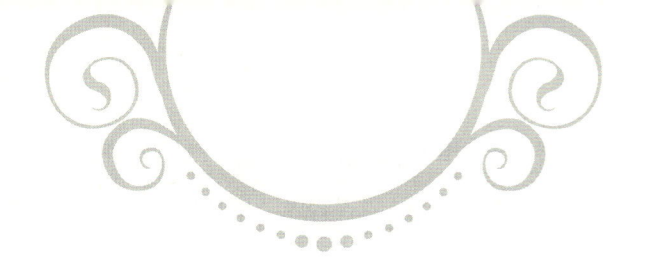

CAPÍTULO 4

O PODER TRANSFORMADOR DAS HISTÓRIAS

"Tudo vale a pena quando a alma não é pequena."
Fernando Pessoa (1888-1935)

Às vezes, na vida, você pode se sentir um pouco perdido e não perceber os scripts e as histórias que controlam seus pensamentos, sentimentos e ações. Se você for capaz de reconhecer os scripts que está seguindo, então você poderá discernir aqueles que lhe são benéficos e substituir os limitantes por novos scripts que lhe darão poder para empreender mudanças positivas em sua vida. Se você tiver uma compreensão profunda das histórias que acredita e fica dizendo a si mesmo, você poderá revisá-las e reescrevê-las de forma que elas iluminem o seu caminho para a felicidade e o sucesso.

Richard traz agora uma engraçada história sobre um dos homens mais brilhantes que já esteve na face da Terra.

O dia em que Einstein se perdeu

Albert Einstein, o grande físico, saíra em viagem de trem, de Princeton, nos Estados Unidos, onde morava e trabalhava. Quando o condutor veio pelo corredor, conferir os bilhetes de cada passageiro e se aproximou de Einstein, este começou a vasculhar os bolsos do colete em busca da passagem. Ele não conseguira encontrar o bilhete, nem mesmo nos bolsos da calça. Então, olhou dentro da pasta, mas não conseguiu encontrá-lo. Olhou no banco ao lado dele e nada.

O condutor, percebendo a preocupação do cientista, disse:

– Dr. Einstein, eu sei quem o senhor é. Todos nós sabemos quem o senhor é. Tenho certeza de que o senhor comprou um bilhete. Não se preocupe com isso.

Einstein balançou a cabeça, agradecido. O condutor continuou conferindo os bilhetes. Quando se preparava para ir para o próximo vagão, ele se virou e viu o grande físico de joelhos, procurando o bilhete sob o assento.

O condutor correu de volta e disse:

– Dr. Einstein, Dr. Einstein, não se preocupe. Como eu lhe disse, eu sei quem o senhor é. Não tem problema. O senhor não precisa de um bilhete. Tenho certeza de que comprou um.

Einstein olhou para ele e retrucou:

– Jovem, eu também sei quem eu sou. O que eu não sei é para onde eu vou.

> *Mesmo que você seja tão inteligente como Albert Einstein, há vezes em que você ainda pode estar um pouco perdido. Nessa hora, o que realmente vai ajudá-lo a encontrar seu caminho é a história que você conta para si mesmo e na qual você acredita. O importante é que você escolha histórias que lhe sirvam de guia, que sejam como uma luz iluminando sua trajetória através da vida. Esse é, na verdade, o bilhete para sua transformação pessoal.*

Agora, uma história pessoal de Eliana que mostra o quanto as crenças e os scripts vivenciados em nossa infância influenciam nas histórias que vivemos hoje.

As lições de meu pai

Disso eu tenho certeza: autoestima se aprende em casa. Quando experimentamos o amor verdadeiro das pessoas que nos educam, temos os meios para crescer com uma autoimagem positiva. Se eles respeitam nossa maneira de ser em vez de nos criticar e querer que sejamos diferentes, podemos nos tornar mais autoconfiantes e assertivos.

Na minha criação, tive a felicidade de crescer cercada de pessoas positivas. Meu pai, um grande ser humano, me incentivou muito em minhas escolhas ao longo da vida, e jamais me esqueço do seu estímulo em meus estudos de piano. Quando ele estava em casa, costumava sentar-se no escritório onde eu praticava e ele ouvia desde escalas e arpejos até as trabalhosas peças de Chopin ou Bach, que eu gostava tanto de tocar para ele. Eu, muitas vezes, me envergonhava com a prática das escalas e por ter de repeti-las inúmeras vezes para melhorar minha técnica.

No entanto, meu pai dizia:

— Você pode continuar. Eu gosto muito de ouvi-la tocar. Você está cada vez melhor, Eliana!

Na adolescência, embora eu fosse uma aplicada aluna de piano, sentia certa preguiça de ter de praticar por horas e horas todos os dias, e só a presença de meu pai, ali ao meu lado, me deixava mais animada.

Naquela época, em que ainda era raro o uso de máquina de lavar louça nas residências brasileiras, uma das minhas tarefas diárias, após o almoço, era arrumar a cozinha. Recordo-me de que, algumas vezes, minha mãe aparecia na porta do escritório durante meus estudos ao piano, e, quando eu dava uma parada para descansar os dedos, ela me lembrava do que eu nunca gostei de fazer:

— Eliana, quando é que você vai lavar a louça do almoço? Parece incrível, mas todos os dias, na hora do serviço de casa, é a hora que você se lembra de estudar piano!

Meu pai costumava dar um sorriso maroto, e eu aproveitava a situação para responder:

— Relaxe, mamãe, eu tenho de estudar muito. Preciso me preparar para os recitais. Mas você pode deixar os pratos na pia que eu vou lavá-los mais tarde.

Eu sabia que ela e minha irmã mais nova, ambas tão dedicadas ao lar, não esperariam para eu lavar a louça e fariam o trabalho para mim.

Até hoje, meus irmãos me perguntam:

— Será que você se tornou uma grande pianista porque usava seus estudos ao piano para escapar dos trabalhos domésticos?

Não, não é verdade. Estudar sistematicamente ao piano era muito entediante, mas eu me divertia quando superava os desafios da aprendizagem e tocava com pureza as mais belas composições. Sempre gostei, também, de me apresentar em público. Além disso, conviver com a minha professora, Olga Maria Frange e receber seu amoroso estímulo foi uma experiência muito especial em minha vida. Quanto às atividades domésticas, ainda hoje continuo fugindo delas e faço o que posso para evitá-las.

Ainda falando sobre o piano, desde o início de meus estudos, aos dez anos de idade, até eu me formar, aos dezoito anos, todos os meus exames anuais foram gravados por meu pai, com o maior carinho. Tempos depois, ele colocava as gravações para ouvirmos e acompanharmos meu progresso.

Mas há muito mais! Outro costume de meu pai, muito estimulante para a autoestima dos filhos, foi guardar nossos desenhos de infância, todos datados e com anotações feitas por ele.

Meu pai sempre foi um grande incentivador da alma humana. Em minha infância e adolescência – fases da minha vida em que mais convivi com ele –, posso lhe garantir que a palavra que eu e todos na família mais ouvimos de meu pai foi "Parabéns!".

Outro hábito peculiar dele era presentear todo mundo com um livro, geralmente com uma dedicatória em versos ou acrósticos, e para os familiares ele colocava dentro do livro um envelope com dinheiro.

Lembro-me como se fosse hoje, era meu aniversário de quatorze anos. Acordei, abri a porta da sala de jantar e encontrei meus pais com os presentes que haviam comprado para mim. Minha mãe me abraçou e disse:

– Parabéns, minha filha! Que Deus a proteja e ilumine todos os seus passos! Seja sempre feliz!

Então, ela me entregou um pequeno embrulho, e eu logo vi que era uma caixinha de joias com um par de brincos e um anel de diamante. Fiquei eufórica porque esse era o presente dos meus sonhos. Meu pai, depois de um abraço, alegre, entregou-me, como sempre, um livro com dedicatória especial, e, claro, o dinheiro que eu esperava. Confesso que eu já fazia planos do que iria comprar com esse dinheiro...

Enquanto eu folheava as páginas, meu pai disse:

— Este livro, *O Poder do Pensamento Positivo*, é de um autor extraordinário, e você vai realmente gostar das lições que ele traz.

Era um livro de Norman Vincent Peale, escritor norte-americano que papai admirava e cujas obras até colecionava.

Sim, porque além de médico psiquiatra, meu pai foi também escritor e amante dos livros. Deixou uma biblioteca com mais de oito mil volumes, a maioria deles lidos e anotados por ele. Foi dele que herdei o amor pela leitura e pela escrita.

Ao recordar esses fatos, percebo que meu interesse por livros sobre autodesenvolvimento e minha aptidão para escrever nesse campo vêm dessa época em que compartilhei com ele e minha mãe tantas leituras construtivas.

Mas voltemos à sua generosidade.

Sabe o que meu pai mais gostava de escrever? Poemas! Minha mãe conta que foi com poemas que ele a conquistou. Eu soube que em meu nascimento, meu pai passou por fortes emoções, não só por eu ser a primogênita, mas porque minha mãe teve um trabalho de parto sofrido e demorado. Quando ele me viu, pela primeira vez, no hospital, bastante orgulhoso de sua "obra", inspirou-se e dedicou-me esta doce trova, que fala sobre meus olhos azuis:

"Ah, claros olhos azuis,
Meu doce e duplo troféu.
Por que guardar neste rosto
Dois pedacinhos do céu?"

Assim, meu pai marcou cada fase da vida dos filhos com versos inspiradores. Minha mãe me disse que quando tive minha primeira febre, ele, cheio de ansiedade, passou a noite acordado e aproveitou a vigília para escrever outro poema para mim.

Mas foi no dia do meu aniversário de quinze anos que meu pai mais me comoveu, me fazendo uma surpresa inesquecível. Eu nunca gostei de festas e havia decidido que não queria aquela comemoração formal, comum a todas as meninas dessa idade: baile de debutante, com valsa.

— Pai, mãe, eu decidi. Não quero fazer festa no meu aniversário. Eu fui a tantas festas das minhas colegas de escola este ano que me cansei. – eu disse a eles dois meses antes de completar quinze anos. – Tenho uma ideia melhor, que tal viajarmos juntos para o Rio de Janeiro – essa cidade que tanto amo?

Meus pais adoraram minha sugestão e eu escolhi como companhia para esse passeio uma querida amiga de nossa família, a quem eu sempre chamei de tia, e que conhecia bem o Rio de Janeiro. Com ela, durante quatro dias, fizemos passeios incríveis. Hospedamo-nos em um hotel quatro estrelas, na orla de Copacabana, do jeito que meu pai e eu sempre gostamos – com conforto e alguns luxos.

No dia exato de meu aniversário, 1º de novembro, de manhã, meus pais vieram ao apartamento onde eu estava com tia Dalva, abraçaram-me e, animados, presentearam-me com uma gargantilha de ouro com um pingente de coração e um diamante no meio.

Estranhei um pouco não ter ganhado nenhum livro de meu pai naquele dia e reclamei com ele.

– Calma, Eliana, eu vou comprá-lo mais tarde, quando formos a uma livraria. Quero comprar um livro que não encontrei em nossa cidade – ele respondeu.

– Ah, agora entendi. Estou esperando, hein? – repliquei, bem-humorada.

Passamos o dia todo revendo os famosos pontos turísticos da cidade – o Pão de Açúcar e o Corcovado –, e ainda sobrou tempo para as compras.

Enquanto eu, minha mãe e tia Dalva escolhíamos roupas novas, meu pai foi à livraria mais próxima – seu passeio predileto.

Por volta das cinco da tarde, chegamos ao hotel, bem cansados, e combinamos de jantar lá mesmo, algumas horas depois.

Às sete e quinze da noite, eu estava secando meu cabelo, quando ouvi batidas na porta de nosso apartamento e fui atender.

Meus pais estavam prontos para o jantar. Como eu e minha tia ainda estávamos nos aprontando, eles entraram para nos esperar.

Foi então que notei que meu pai trazia nas mãos mais um presente para mim. Pelo formato do embrulho, logo adivinhei que era o livro que estava faltando, e, com certeza, trazia dentro o dinheiro que eu também adorava ganhar de presente.

Quando abri o embrulho, senti-me confusa, porque vi no título do livro o meu nome, e comecei a rir, porque meu pai, dias atrás, havia comprado para o meu irmão Ricardo, o livro sobre a vida de Ricardo Coração de Leão.

– Puxa, pai – exclamei –, que coincidência encontrar um livro com o meu nome...

Ele só deu uma risadinha, olhando para a minha mãe.

Mas ao voltar os olhos para a capa do livro, ilustrada com dois imensos olhos azuis, tive a maior surpresa de minha vida: o autor era ele – meu pai! Não me contive, comecei a chorar.

– Pai, não acredito! Você escreveu um livro para mim? Que emocionante! Que nome mais lindo! – eu disse, pulando no seu pescoço para um abraço bem apertado. – Obrigada, pai, muito obrigada! – minha voz misturava-se a um choro carregado de gratidão e admiração.

Minha mãe, muito emocionada também, abraçou-me, dizendo que não aguentava mais de ansiedade para fazer-me essa surpresa:

– Mas tinha que ser hoje, minha filha, neste momento.

E tia Dalva, depois de um abraço apertado, com seu jeito amoroso, pegou-me pelo ombro e explicou:

– Sim, minha querida, há quinze anos, exatamente nessa hora, você estava nascendo, e eu fui a primeira pessoa a lhe carregar no colo. – Ela sempre me contava esse fato com muito orgulho, e comentava também quanto tinha sido difícil o meu nascimento. – Você merece essa homenagem, Eliana, você merece! – completou, acariciando meus cabelos.

– Papai, você esperou dar a hora certa em que eu nasci para me entregar este presente? – abracei os três, chorando. Esse foi um momento mágico de minha vida!

Desde criança, sempre fui muito sensível, aquele tipo de pessoa que chora não só nos momentos de tristeza, mas também nos de alegria.

Quando me recuperei da emoção, sentamos todos na minha cama, e eu, folheando o livro, sentia-me muito importante:

– O que mais eu poderia querer desse dia tão lindo, papai? *Eliana ou Cem Trovas das Quinze Primaveras*, um livro em minha homenagem!

Foi, então, que comecei a entender o trabalho que essa surpresa deu para os meus pais e quanto eles foram cuidadosos para que eu não descobrisse nada antes da hora.

Eu sabia que ele havia escrito um livro, meses atrás, com uma coletânea das suas melhores trovas, feitas ao longo dos anos, e eu estava muito curiosa para vê-lo editado e saber o nome que teria.

– É um livrinho simples, e vai se chamar *Cem Trovas da Alegria* – respondia meu pai.

Um mês antes do meu aniversário, ele e minha mãe viajaram para a cidade de Araras, no estado de São Paulo, para buscar os exemplares na editora que publicaria seu pequeno livro. Quando ele e minha mãe voltaram da viagem, não entendi nada, porque chegaram de mãos vazias.

– Onde estão os livros que vocês foram buscar? – perguntei.

– Ah, Eliana, eles ainda não estão prontos – disse meu pai, sem mais explicações.

Eu acreditei na desculpa deles e acabei esquecendo-me desse episódio, porque só pensava na viagem que faríamos para a Cidade Maravilhosa.

– Vocês conseguiram me enganar, hein? – eu disse, observando que ele não se continha de tanta alegria.

– É, Eliana, você nos deu muito trabalho para essa surpresa ficar benfeita! – respondeu meu pai, com uma risada.

Fiquei sentada em minha cama do hotel, com os três ao meu lado, e, sem perceber, emocionada e empolgada, li o livro inteiro em voz alta.

Eu nunca havia me sentido tão prestigiada! Imagine a importância dessas atitudes na construção da autoestima de uma jovem no auge da sua formação!

A verdade é que presentear os filhos sempre foi um dos maiores prazeres de meu pai, embora ele tomasse muito cuidado para não nos tornar mimados e cheios de vontades. Um presente especial – e um dos mais significativos – que eu e meus irmãos recebíamos de nossos amorosos pais, todas as noites, antes de irmos para a cama, era uma oração em família. E, ao deitarmos, meu pai colocava para tocar uma suave música erudita, para adormecermos tranquilamente. E isso acontecia todos os dias da semana, mesmo naqueles em que ele chegava tarde do consultório, cansado e faminto.

Hoje, em meus relacionamentos pessoais e profissionais, percebo a influência positiva de meu pai ensinando-me a ter confiança na vida, a ter fé em um Poder Superior que nos guia, a valorizar a natureza, a ouvir as pessoas com carinho e incentivá-las cada vez mais em seu progresso. Como você vê, tenho motivos de sobra para procurar ser uma pessoa cada vez melhor.

E, no final de março de 2011, quando meu pai partiu de nossas vidas depois de um tombo fatal, eu tive a maior de todas as provas de que ele era um ser humano muito especial. Seu funeral foi pura emoção, lotado de parentes, amigos e clientes que chegavam até mim e diziam:

— Estou muito triste, perdi um pai!

Até hoje ouço histórias e mais histórias de transformação promovidas por ele, contadas por seus clientes, que, assim como eu, jamais esquecerão essa pessoa do bem, tão carinhosa e carismática.

Ao ler minha história, talvez você, caro leitor, diga: "Eliana, você é assim positiva e feliz porque teve a sorte de nascer e crescer rodeada de pessoas maravilhosas! Se eu tivesse pais amorosos como os seus, eu também seria uma pessoa melhor!" E eu lhe respondo: "Ter uma família unida e otimista é uma bênção que aumenta minha responsabilidade de ser cada dia mais generosa com a Humanidade. No entanto, se você teve um passado doloroso e pessimista, lembre-se de que você não se define pelo que aconteceu com você, e sim pela forma como você reage a tudo o que aconteceu. Portanto, pare de lamentar seu passado, e, daqui para a frente, construa você mesmo um futuro brilhante e promissor, como você tanto merece!"

> *Assim, quando se sentir desencorajado pelo seu passado, lembre-se de que você pode mudar sua história quando der rumo positivo aos seus pensamentos. Entenda que para você ser feliz e bem-sucedido não interessa mais o que fizeram com você. O que realmente interessa é o que você fez ou faz com o que fizeram a você! Alguns usam seu passado de sofrimentos como uma alavanca para ser pessoas melhores, ao passo que outros usam sua história de dores para se afundar cada vez mais no pântano da autopiedade.*
>
> *E você, o que tem feito com o seu passado? A partir do momento que você decide pensar, sentir e agir como um vencedor, você será capaz de mudar sua própria história, dando-lhe um novo e feliz final.*

Vamos, agora, olhar para um momento transformador na vida de Richard.

Uma história sobre finais felizes

Quando terminei de escrever meu primeiro livro, *Screenwriting from the Soul*, entreguei um rascunho a Jeff Arch, roteirista do filme *Sintonia de*

Amor. Eu tinha trabalhado nesse manuscrito por anos e, convencido de que a obra era brilhante e estava pronta para ser publicada, orei para ele pensar da mesma forma.

Jeff me ouvira falar muito sobre esse meu novo trabalho, então disse que estava ansioso para lê-lo, e até mencionou que se realmente gostasse, poderia se interessar em escrever o prefácio.

Quando o telefone tocou cedo naquela manhã, eu tinha certeza de que era Jeff, tão comovido com o livro que mal podia esperar para contar que, de fato, já tinha começado a trabalhar no prefácio.

Peguei o telefone e gritei, eufórico:

— Então Jeffy, o que você achou?

Houve uma longa pausa antes de Jeff responder. Eu pensei: *Humm*... Meu coração apertou, Jeff deve ter odiado.

Então Jeff limpou a garganta e lentamente respondeu:

— Bem, humm, não sei como dizer isso, mas tenho más notícias.

Senti meu coração mais apertado ainda. Pensamentos ruins tomaram conta de mim: eu era uma fraude; tinha perdido minha vida tentando ser um escritor; o livro era horrível... Senti vontade de deixar de escrever para sempre. Inspirei com dificuldade e exclamei:

— Tudo bem, pode dizer.

— Rich, eu amei 99% desse livro.

Meu coração ressuscitou.

— Mas o final é conversa fiada!

Como??? Meu coração se apertou novamente:

— O quê? Você não gostou?

— Não, é demasiado hollywoodiano para o tipo de livro que você escreveu.

— O que você quer dizer com isso?

— Bem, nas primeiras 250 páginas, o livro enfatiza o processo, não a recompensa. Repetidas vezes, mas não de forma redundante, você diz que a fama e a riqueza não importam, e então você resolve enfraquecer sua história dando fama e riqueza à personagem principal nas últimas cinco páginas? Preste atenção, meu amigo! Você pode fazer melhor do que isso! Seu livro é sobre a aprendizagem sobre si mesmo como um resultado de luta. Ganhar um prêmio é irrelevante. O que conta realmente é a autoconsciência que resulta desse processo.

Jeff estava certo. Eu mudei o final e, só então, ele concordou em escrever o prefácio. E o novo final do livro foi um dos responsáveis pelo seu grande sucesso.

> *Assim como os escritores, você pode escrever e vivenciar histórias que são equivocadas, que não dizem exatamente o que você quer e podem até sabotar seus sonhos, esperanças e intenções.*
>
> *Dessa forma, é fundamental que você tome consciência das histórias que está contando a si mesmo e aos outros, e entenda o que elas realmente significam. Depois, é só revisar e reescrever novas histórias que reflitam quem realmente você é e quem você quer ser.*

Significado das histórias

Cada história que carregamos dentro de nós tem um significado que nos diz como pensamos e sentimos sobre nós mesmos, as pessoas e o mundo à nossa volta. E isso tem uma influência enorme sobre o que dizemos e fazemos, ou o que deixamos de dizer e fazer. Quando contamos a nós mesmos histórias erradas ou damos às nossas próprias histórias um significado errado, podemos estar caminhando através de pensamentos e emoções negativas, capazes de nos levar a tomar decisões erradas ou nos omitirmos em relação às atitudes certas.

Mas, como os escritores, cada um de nós é o autor das suas próprias histórias de vida. Podemos decidir quais histórias vamos ouvir e como interpretá-las. Temos o poder intransferível de desapegar do passado e reescrever nossas histórias, dando-lhes um novo e positivo significado, que vai inspirar e modificar nossas vidas. É chegada a hora de sairmos do papel de figurantes ou coadjuvantes de nossas próprias histórias e nos tornamos os protagonistas, os heróis que nascemos para ser.

A transformação pessoal começa, então, na conscientização, identificando e compreendendo as histórias que estão escritas em nossas almas e impactando nossas vidas. Em seguida, devemos rever e adaptar essas histórias e, até mesmo, escrever outras que nos capacitem a nos tornarmos senhores do nosso destino, heróis de nossas histórias, donos de nossas vidas.

"Nada lhe posso dar que já não exista em você mesmo. Não posso abrir-lhe outro mundo de imagens além daquele que há em sua própria alma. Nada lhe posso dar a não ser a oportunidade, o impulso, a chave. Eu o ajudarei a tornar visível o seu próprio mundo, e isso é tudo."
Hermann Hesse (1877-1962)

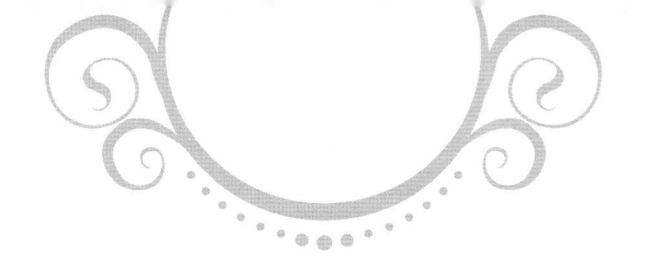

CAPÍTULO 5

TERAPIA E SUAS HISTÓRIAS

> *"Todo ser humano tem quatro dons – autoconhecimento, consciência, vontade independente e imaginação criativa. Eles nos concedem a irrevogável liberdade humana: o poder de escolher, reagir, mudar."*
>
> Stephen R. Covey (1932-)

Sentimo-nos privilegiados de falar com Dr. Jason Barnhart, psiquiatra norte-americano que se especializou em apoiar as pessoas, ajudando-as a mudar suas histórias de vida. Neste capítulo, nós compartilhamos nossa entrevista com Dr. Barnhart.

1. Quais as duas maiores questões que você enfrenta em termos de terapia e de construção de narrativas pessoais?

A construção de uma narrativa pessoal na terapia ocorre quando um paciente fala para um ouvinte por algum tempo sobre coisas que importam para ele (paciente). É aqui que encontramos a primeira questão: a maioria das pessoas não está acostumada a ouvir umas às outras. Se você tem uma pessoa em sua vida que realmente o escuta sem interromper, sem julgar, sem agir como se houvesse algo mais importante a ser feito, isso é uma verdadeira bênção. Muitas pessoas não têm esse tipo de ouvinte em suas vidas, e nenhum de nós tem tal ouvinte o tempo todo. Então, quando as pessoas vêm à terapia, pode ser difícil para elas tolerar serem ouvidas. Pode ser assustador ser o objeto da atenção do outro, o paciente pode sentir a necessidade de agradar o terapeuta, ou de ser engraçado ou interessante, para não "desperdiçar" o tempo do terapeuta. Como grande parte das pessoas que procuram terapia estão em um momento de vulnerabilidade, esses sentimentos podem se intensificar.

A segunda questão que surge segue a primeira: uma vez que a maioria de nós não está acostumada a ser ouvida, tentamos passar as coisas rapidamente. Em nossa imaginação, o ouvinte está sempre prestes a perder o interesse, então é melhor acelerar as coisas, o que leva à segunda questão, que torna difícil a construção de uma narrativa pessoal: na maior parte das culturas, as pessoas têm a tendência de resumir, em vez de partilhar suas histórias. Esse é um hábito que precisa de algum esforço para ser mudado.

Aqui está um exemplo do que quero dizer:

— Eu tive um conflito com um colega de trabalho — a paciente vai dizer.
— O que aconteceu? — eu vou perguntar.
— Nós discordamos — ela vai responder.
— Sobre o quê? — eu vou perguntar.
— Sobre uma questão no trabalho.

Depois de uma troca como essa, eu tenho por hábito mostrar que, apesar de termos conversado por um tempo, eu realmente não tenho nenhuma informação sobre a paciente. Isso significa, também, que ela não tem nenhuma informação sobre si mesma, o que é mais sério ainda. Milhões de pessoas todos os dias têm desentendimentos com colegas de trabalho sobre assuntos de trabalho. Não há nada de errado em descrever esse fato dessa maneira, mas isso não ajuda na criação de uma história que é pessoal, que pertence a você e a mais ninguém. Felizmente, há perguntas que um ouvinte pode fazer que ajudam o paciente a mostrar e compartilhar o que aconteceu, em vez de resumir o que aconteceu.

Essas perguntas podem ser:

— Se eu estivesse lá com você, o que eu teria visto?
— Você pode me contar o que aconteceu naquele momento?
— Será que você pode me mostrar, passo a passo, o que realmente aconteceu?

E, às vezes, se nada mais funcionar, eu finalmente vou pedir:

– Você pode me dizer o que você disse, então o que eles disseram, e o que você disse, e o que eles disseram?

Uma dessas perguntas acima vai resultar em um diálogo semelhante a este:

– Eu tive um conflito com um colega de trabalho.

– O que aconteceu? Você pode me levar a esse momento?

– Bem, cada vez que recebemos uma entrega de café, John coloca o pacote de café debaixo da pia. Mas eu sei que é difícil para Karen se curvar para pegá-lo, ela tem dor nas costas de tanto carregar a neta, então eu coloquei o pacote no armário que fica acima da máquina de café. Eu estava cansada de ver John apenas empurrando o pacote de café sob a pia, e pedi a ele para guardá-lo nesse armário, mas ele disse que se eu quisesse mudar o pacote de café de lugar, que eu mesma o fizesse.

E agora nós sabemos algumas coisas! Ou pelo menos temos o tipo de informação que nos permite entender algumas coisas.

O que a paciente e o terapeuta descobriram a partir da segunda conversa que nunca saberiam por meio da primeira? Nós podemos entender algo sobre a intenção nobre da paciente e seu desejo de reduzir o sofrimento dos outros. Essas são coisas admiráveis e para ela pode ser uma informação importante de que há coisas a admirar em si mesma. Podemos compreender que a paciente não tem muita prática em pedir o que quer, e só o faz depois que já construiu um monte de ressentimento. Pode ser que isso aumente seu sofrimento e faça com que ela passe a pedir as coisas de forma menos eficaz. Isso pode ter surgido de uma criação em um lar onde não era seguro para uma criança pedir o que ela precisava. Nós não sabemos ainda, é claro, mas pelo menos sabemos que precisamos considerar isso. Podemos também descobrir que seu colega de trabalho é um idiota, e que ele não é a melhor pessoa a quem pedir coisas. Se ela está tentando desenvolver uma nova habilidade de solicitar o que precisa, não deve desanimar, e deve evitar uma experiência que se pareça com alguma experiência negativa de sua infância.

Este é apenas um exemplo, mas demonstra que se as pessoas falarem sobre coisas que lhes provocam fortes sentimentos, mostrando o que está acontecendo em vez de resumir isso, há muito a ser ganho. Porém, se encobrirem essas mesmas coisas por não se expressarem com clareza, há muito a perder.

2. **Você trabalha com uma grande quantidade de pacientes que sofreram traumas. Como as histórias e a reconstrução de narrativas pessoais ajudam na cura?**

A pessoa que passou por um trauma muitas vezes tem seu sofrimento agravado porque aquele que abusou dela ou a feriu está em uma posição de poder. E, dessa forma, o agressor também tem o poder de distorcer os eventos a ponto de que a narrativa dele acabe sendo percebida como a versão verdadeira. Se o sobrevivente de um trauma se atreve a dizer que algo diferente aconteceu, a pessoa no poder pode se opor com narrativas que são cada vez mais prejudiciais para a credibilidade e saúde desse sobrevivente. Essas narrativas podem afirmar que os eventos nunca ocorreram, ou que alguns ocorreram, mas o sobrevivente está confuso sobre o que realmente aconteceu. Finalmente, o sobrevivente pode ser rotulado como "louco". Muitas vezes tenho visto isso em minha prática clínica. Na verdade, a pessoa que acaba chegando ao meu consultório é, geralmente, a mais saudável dentro da família. Sendo a mais saudável, ela também é a pessoa mais apta a encarar, de alguma forma, a verdade de seu passado, e, assim, acaba sendo rotulada de "louca" pela família ou cônjuge, os quais, provavelmente, vão se manter firmes a uma narrativa de eventos passados que esconde males hediondos de seus pensamentos conscientes. Infelizmente, essa acaba sendo a versão mais convincente para os observadores. Por causa dos efeitos físicos e mentais provocados pelo trauma, o próprio sobrevivente pode acreditar, dentro de si mesmo, que é realmente louco. Suas memórias podem estar fragmentadas. O sobrevivente de trauma pode, às vezes, experimentar visões, sons, sensações e cheiros dessas lembranças como se estivessem acontecendo no presente. Outras vezes, ele pode se sentir entorpecido ou ter dificuldade para se lembrar de alguma coisa. A reconstrução de uma narrativa pessoal ajuda a apanhar tais memórias fragmentadas e relembrar-se delas, se a pessoa quiser, de forma que tenha um começo, um meio, e – mais importante – um fim. Sem esse tipo de trabalho, as memórias fragmentadas tendem a persistir e continuar a ser vivenciadas como realidade presente. Uma recordação de forma narrativa pode permitir ao sobrevivente integrar a passagem do tempo à sua história. Memórias nunca podem desaparecer, mas tornam-se menos potentes quando é evidente que há a passagem do tempo entre o "agora" e o "depois". Além disso, contar a própria história pessoal permite ao sobrevivente de um trauma definir a realidade por si mesmo, tomando de volta um papel poderoso que havia sido usurpado por um opressor. Sendo o sobrevivente quem conta a história de seu passado, ele também estabelece que é ele quem vai criar a narrativa, não só para seu passado, mas também para seu presente e futuro.

3. Por que as pessoas contam histórias para si mesmas e como elas podem saber quando devem recriar suas narrativas pessoais para viver mais felizes e realizadas?

As pessoas contam histórias para si próprias por muitas razões, mas a razão que tende a predominar é a necessidade de se sentirem seguras. Essa sensação de segurança é tão importante para nós que, às vezes, em vez de correr riscos – tentar algo novo, uma nova relação, ou dizer a verdade –, dizemos a nós mesmos uma história sobre porque aquilo que pensamos em fazer não pode ser feito, simplesmente não é realizável, ou não somos o tipo de pessoa que faz isso.

Quantas vezes você já ouviu uma pessoa explicar o porquê de não estar fazendo determinada coisa dizendo: "Bem, eu não sou exatamente uma pessoa que...?" Soa como uma razão, mas não é. É uma história. Pessoas reais são complicadas e fazem coisas diferentes em momentos diferentes em suas vidas. A maioria das histórias que começam com "Eu não sou uma pessoa que..." são histórias de medo.

Uma das melhores maneiras de ver quais partes de sua história estão clamando para ser reescritas é observar onde você está baseando suas decisões no medo. Não há nada de errado com o medo – ele (principalmente) nos impede de queimar as mãos com pratos saindo do forno ou de nadar muito longe no oceano; o objetivo do medo é ajudar a sobreviver.

Para as pessoas que passaram por traumas variados, contudo, as zonas do sistema nervoso responsáveis pelo medo estão trabalhando a todo vapor. Elas precisaram de todo seu potencial, em algum momento no passado, a fim de ajudar sua sobrevivência. Mas a persistência dessa resposta do cérebro, depois de passado o perigo, pode levar à fadiga, à depressão, e a evitar, até mesmo, um risco moderado. Com o passar do tempo, o medo prolongado pode fazer com que o mundo da pessoa se torne cada vez menor.

Para o mundo voltar ao que era, é necessário que essa pessoa passe por um espaço cada vez menos apertado, relaxando algumas de suas defesas o suficiente para experimentar pensamentos e sentimentos que considere aterrorizantes. É simples dizer, mas não é tão fácil fazer.

À medida que vamos vivendo, nos tornamos muito hábeis em evitar as coisas que achamos desagradáveis ou assustadoras. Nossos corpos muitas vezes contribuem para esse sentimento intenso de desconforto, como nos sentirmos quentes, tensos ou com falta de ar quando nos aproximamos desses temas. Nossas mentes, geralmente, fazem sua parte e constroem histórias que nos levam a viver de modo a evitar os tipos de pensamentos que desencadeiam essas sensações físicas.

Por esse caminho, nós frequentemente nos encontramos a alguma distância das experiências que nos causaram grande impacto. Isso faz sentido. É razoável querermos nos distanciar de coisas que causam dor.

Esse processo pelo qual nos protegemos – e os sintomas físicos que vêm com ele –, às vezes acrescenta sofrimento às nossas vidas. Ao entender esse processo, especialmente se você tiver a ajuda de um terapeuta de confiança, esse sofrimento poderá ser reduzido. Trabalhando com um aliado habilidoso, em um ambiente seguro, os sintomas físicos podem ser transformados de precursores de perigo em sinais que vão ajudá-lo a discernir qual das histórias criadas por sua mente devem ser reescritas para você se sentir melhor e viver mais livremente.

4. Você também é escritor, por isso, poderia nos falar sobre a interseção do trabalho do escritor criativo e o trabalho de alguém que, como você, ensina as pessoas a mudar suas histórias e sua vidas?

Muitas pessoas que dizem querer ser escritoras nunca escreveram nada, porque elas sentem que ainda não pensaram em nada importante o suficiente para escrever. Muitas pessoas nunca fizeram terapia porque sentem que não sabem sobre o que devem falar. A intersecção está em fazer. Os escritores escrevem para descobrir o que eles vão escrever. Uma boa terapia é da mesma maneira. Você realmente não sabe o que você vai descobrir até que você a faça. Se você soubesse, não precisaria ter todo esse trabalho, mas você não sabe.

Criar um espaço no qual você conte sua história, incluindo se expor, mesmo quando não está disposto a isso, é vital para ambas as práticas – a de escrever e a de fazer terapia. Você pode ter muitos dias em que nada acontece, porém se continuar, algo vai acontecer. Você vai descobrir coisas, vai mudar, crescer, terá a experiência de estar vivo.

Às vezes, isso vai parecer incrível, outras não. O crescimento pode envolver dor, mas é uma dor que vem do fato de estar vivo. É uma dor com a qual podemos viver, sabendo que vai passar. Isso é muito diferente de agarrar-se a uma história que não seja verdade, ou que não seja mais verdade, na esperança de evitar a dor, aquela dor que nos corrói, de novo e de novo.

5. Você recomenda o uso de diários aos seus pacientes. Qual parte do diário você sente que é mais valiosa?

Há três razões para eu recomendar o uso de diários.

Primeiro, simplesmente para desabafar. O diário não se importa com o que você diz. O papel não se ofende. Os sentimentos dele não serão feridos. Ele não vai pular no seu pescoço para lhe repreender ou dizer que você está indo longe demais, como até mesmo um amigo bem-intencionado pode fazer. Muitas pessoas que estão tentando reescrever suas histórias pessoais têm emoções em suas vidas que elas foram treinadas para não sentir. Embora tenha consciência desses sentimentos, elas podem não ter muita prática para expressá-los com palavras. Desenvolver essa habilidade pode ser útil no relacionamento, tanto com os outros quanto consigo mesmo. Sem consequências por dizer demais ou não dizer o suficiente, ou pela forma como as coisas são ditas, um diário é um ótimo lugar para a prática de expressar as emoções que foram evitadas no passado.

Em segundo lugar, os diários são úteis para a localização de dados. Quando queremos nos lembrar de um fato antigo, acontecido há um mês ou há um ano, para tentarmos ver como nos sentimos ou o que realizamos, a maneira como percebemos tais fatos é fortemente influenciada pelo que vivenciamos nos dias mais recentes. Ter algo para ajudar sua memória pode proporcionar às pessoas uma avaliação mais construtiva de si próprias (geralmente quem está reescrevendo suas histórias tem o hábito de filtrar as coisas boas que fez e lembrar-se dos tempos em que não se saiu tão bem como achava que deveria).

Finalmente – e é, na minha opnião, o mais importante –, escrever um diário é uma boa maneira de descobrirmos sobre o que realmente pensamos e sentimos. Escrever um diário nos permite exercer a prática de dar sentido não apenas à nossa experiência, mas também às reações que temos em relação a essa experiência, e apreciar a diferença entre as duas. Como uma prática, escrever um diário nos ajuda a cuidar de nós mesmos a qualquer hora e lugar que desejarmos.

6. Se as pessoas se sentem presas a uma história destrutiva, quais são as técnicas específicas para se libertar dessa narrativa negativa e criar uma mais positiva? Como mudar a história de uma vida?

Essa questão é muito presente em nossas vidas. Todas as tentativas de terapia são para permitir, de alguma forma, a mudança, e com isso, talvez, o alívio do sofrimento. Para entender técnicas terapêuticas específicas, precisamos dar um passo atrás e olhar primeiro para as várias abordagens terapêuticas. Cada abordagem leva o problema gerador do sofrimento para uma direção específica. Essas direções vêm daquilo que as pessoas que criaram determinada terapia acreditam ser verdade sobre as causas do sofrimento. Cada terapia tem algo a oferecer, e cada uma tem suas limitações. Os terapeutas frequentemente combinam várias terapias, dependendo das necessidades do paciente.

Vamos examinar um caso em que alguém gostaria de mudar a sua história e ver como diferentes abordagens terapêuticas podem ser usadas. Ao fazer isso, veremos algumas técnicas específicas de mudanças de histórias.

O caso de Júlia

Júlia é uma inteligente e competente jovem de 22 anos que acaba de ser admitida em um novo emprego, em uma empresa de prestígio. Ela é solicitada para fazer várias cópias de um relatório que preparou para ser distribuídas em uma reunião, mais tarde, naquele dia. O que Júlia não sabe é que a copiadora que ela está usando salva o número de cópias do último trabalho até que seja reconfigurada. Ela pressiona o botão "Copiar" para fazer uma única cópia do seu relatório, só para ver como vai ficar, e vai embora verificar sua agenda para o final da semana. Ao voltar dez minutos depois, em vez de uma cópia a máquina fez vinte. Além disso, o original ficou desalinhado, de modo que cada página copiada apenas capturou meia página do original e não poderá ser usada. Júlia entra em pânico, afinal de contas, é seu primeiro dia. Ela pensa: *Eu nunca faço nada certo. Como é que vou ter sucesso nesta empresa se eu não consigo nem trabalhar com a máquina copiadora? O que vão pensar de mim quando virem isso?*

Ela corrige seu erro e a reunião transcorre sem problemas significativos. Mas quando ela vai para casa, naquela noite, descobre que ela não pode desfrutar de um jantar (e nem sentir-se feliz ou animada com seu novo trabalho) porque está se sentindo deprimida e preocupada com seu futuro na empresa. *O que há de errado comigo?*, ela pensa. *Consegui o trabalho que eu queria e não consigo nem mesmo estar feliz com isso.*

Algumas abordagens da psicoterapia que podem ajudar a lidar com a frustração de Júlia incluem Cognitiva, Psicodinâmica, Consciência Plena e Somática. Não se preocupe se você não estiver familiarizado com esses termos. De acordo com a utilidade de cada terapia, você vai começar a entender como elas funcionam. Além disso, lembre-se de que as descrições de interações terapeuta-paciente abaixo são parte de um processo. Enquanto um bom progresso pode ser feito em uma sessão inicial, outras vezes é necessário um número maior de sessões para construir um nível de confiança que permita o tipo de trabalho descrito aqui.

Psicoterapia Cognitiva

A Terapia Cognitiva é baseada na ideia de que nossas emoções ocorrem em resposta aos nossos pensamentos. Ela sugere que se os nossos pensamentos são irracionais ou distorcidos, então sentimentos negativos, como depressão e ansiedade, surgirão. Um terapeuta usando técnicas cognitivas pode se concentrar no pensamento de Júlia de que ela pode "nunca fazer nada direito". Na Terapia Cognitiva, esse tipo de pensamento é, às vezes, chamado de "pensamento automático". Esse pensamento automático particular é inexato e produto de uma distorção cognitiva chamada de pensamento "tudo ou nada" – a ideia de que as coisas são todas boas ou más –, que não é como as coisas funcionam no mundo real. Pessoas, situações, ideias, motivações e ações são complicadas. Forçá-las em apenas duas categorias – "boas" e "ruins" – limita severamente nossas opções para respondermos ao mundo que nos rodeia. Um terapeuta pode apontar a distorção e recomendar que Júlia examine seu pensamento automático, trabalhando por meio de vários exercícios.

Aqui estão dois exemplos de exercícios que podem ser usados na Terapia Cognitiva:

Mostre-me a evidência:

Júlia poderia ser encorajada a ter pensamentos alternativos ao seu pensamento automático. Neste exemplo, um pensamento alternativo pode ser: *Às vezes eu cometo erros, mas na maioria das vezes faço as coisas corretamente.*

É importante que Júlia desenvolva esse pensamento por ela mesma, de modo que se sinta compelida a pensar algo novo, mas não a ponto de a ideia parecer completamente inacreditável. Júlia pode ser convidada a colocar cada um desses pensamentos no topo de uma coluna diferente, em uma folha de papel, e por baixo de cada título, a lista de evidências para cada pensamento. Uma vez que ela está lidando com fatos neste momento, uma lista que apoie o pensamento "a maioria das vezes eu faço as coisas corretamente" vai ser um pouco mais longa do que a lista de evidências de "eu nunca faço nada certo". Pensamentos distorcidos e imprecisos são difíceis de provar com evidências. Podemos sentir que eles são verdadeiros, mas prová-los é uma história diferente.

A Cadeira Vazia:

Outro exercício que o terapeuta de Júlia poderia ter aplicado seria uma variação de uma técnica chamada A Cadeira Vazia. Nessa técnica, Júlia seria instruída a se sentar em frente a uma cadeira vazia e imaginar que sentado nessa cadeira está alguém que tem quase a mesma idade dela, que é semelhante a ela, talvez alguém de quem ela seria amiga. A essa amiga ou amigo pode ser dado um nome. Vamos dizer que o nome dela é Maria. O terapeuta, então, explica a Júlia que Maria acredita que ela nunca faz nada direito. À Júlia seria atribuída a tarefa de convencer Maria de que muitas vezes ela – Júlia – faz as coisas corretamente, e que quando comete erros isso é a exceção, não a regra. Claro que, como Júlia trabalha para convencer Maria dessas coisas, ela provavelmente se tornará mais convencida dessas verdades dentro si mesma. Esse é o ponto.

Ao fazer esses tipos de exercícios, as crenças profundamente arraigadas que brotam dos pensamentos automáticos de uma pessoa são lentamente deslocadas para uma direção mais positiva. Isso conduz a mais pensamentos automáticos positivos, a menos pensamentos distorcidos – maior precisão ao contar sua própria história –, e a um estado emocional mais positivo.

Psicoterapia Psicodinâmica

A Teoria Psicodinâmica sugere que, com frequência, estamos respondendo às experiências e memórias das quais não estamos plenamente conscientes. Ao examinar os padrões em nossas vidas, podemos trazer essas experiências passadas para um nível mais consciente, que então nos permite escolher como reagir em vez de reagirmos de forma inconsciente.

O diálogo a seguir mostra como um terapeuta pode utilizar princípios psicodinâmicos para ajudar Júlia:

Terapeuta: Você pode me levar a esse momento, quando você percebeu que a máquina tinha feito muitas cópias? Quais foram os seus pensamentos?

Júlia: Eu pensei que alguém iria ver. Eu tinha certeza de que isso aconteceria.

Terapeuta: Quem você acha que veria?

Júlia: Meu chefe. Meus colegas de trabalho. Qualquer um. Então eles saberiam.

Terapeuta: Saberiam?

Júlia: Que eles não deveriam ter me contratado. Eles me deram esse emprego por engano. Na verdade, eu sou o tipo de pessoa, você sabe, que é uma fraude, não mereço um trabalho como esse.

Terapeuta: Você tem muitos sentimentos fortes em torno dessa ideia de que alguém vai vê-la e julgá-la baseado em um erro.

Júlia: Bem, isso é o que as pessoas fazem.

Terapeuta: Que pessoas?

Júlia: É o que minha mãe fazia. Toda vez que eu tentava fazer alguma coisa, ela observava. Tarefa de casa, gostar de um menino, qualquer coisa. Ela estava apenas esperando para me mostrar que eu não deveria pensar tanto de mim mesma.

Terapeuta: Tanto de si mesma?

Júlia: Ela disse que eu pensava muito de mim mesma. Isso realmente feriu. Porque eu não fazia isso, sabe?

Terapeuta: Você não me pareceu arrogante em nossas sessões.

Júlia: Mas ela disse que eu era, e ela estava sempre à espera para me mostrar que eu não deveria ser.

Terapeuta: Eu me pergunto se ela seria insegura.

Júlia: Insegura? Ela? Ela sempre agiu com tanta certeza de tudo, e ficava apenas esperando para quando eu me atrapalhasse.

Terapeuta: Você tinha de ser perfeita? Então, você não seria chamada de arrogante...

Júlia: Eu acho que sim.

Terapeuta: Você sente que tem de ser perfeita no trabalho?

Júlia: Eu sinto.

Terapeuta: Quando você era jovem, com sua mãe, talvez o melhor que você poderia fazer para manter-se segura foi tentar ser perfeita. Talvez agora, no trabalho, você possa encontrar outras maneiras de cuidar de si mesma.

Júlia: Como?

Terapeuta: Alguém viu quando você fez as cópias?

Júlia: Eu acho que não.

Terapeuta: Então, você teve de ser perfeita para quem?

Júlia: Ninguém, eu acho.

Terapeuta: Bem, apenas esteja consciente de que talvez isso tornasse o seu trabalho mais fácil.

Júlia: Talvez tornasse.

Com a ajuda de terapeutas, Júlia tem se tornado mais consciente de seu passado, e como ele está influenciando seu presente.

Isso abre opções para o seu presente que não estavam disponíveis antes, e coloca Júlia em uma posição muito melhor para moldar o seu futuro.

Psicoterapia de Consciência Plena

As terapias *Mindfulness*, ou de Consciência Plena, focam em uma parte nossa com a qual observamos a nós mesmos e às nossas próprias emoções e comportamentos. Geralmente se concentram na aceitação de nossos problemas como um precursor da mudança, e enfatizam que emoções como depressão e ansiedade são parte normal da experiência. Em terapias de Consciência Plena, há menos foco em livrar-se de pensamentos e sentimentos negativos, e mais ênfase ao perceber que pensamentos e sentimentos negativos são apenas isso, pensamentos e sentimentos, e não um mapeamento preciso da realidade.

Nesse cenário, um terapeuta trabalhando com Júlia a partir de uma perspectiva de atenção, de consciência plena, pode colocar foco neste pensamento: *O que há de errado comigo? Consegui o trabalho que eu queria e não consigo nem mesmo estar feliz com isso.*

Júlia não está apenas infeliz com o seu desempenho no trabalho, mas está infeliz por estar infeliz. Ela lê esse sentimento negativo (infelicidade) como prova de que algo está errado com ela. Então, finalmente, ela está infeliz porque algo está errado com ela, além de estar infeliz porque está descontente com seu desempenho e sua performance.

Se Júlia é convidada a observar e tornar-se consciente desse processo pelo qual seu cérebro aumenta seu sofrimento, grande parte do sofrimento (a infelicidade de estar infeliz e o pensamento de que há algo errado com ela) será aliviado, e a tristeza que sobrou (seus sentimentos sobre não realizar tudo perfeitamente) pode ser mais bem apreciada como uma parte normal de sua existência, em vez de evidências de sua própria incapacidade.

Eventualmente, ela pode, até mesmo, experimentar a expectativa de que vai executar tudo perfeitamente como uma característica divertida de sua mente, em vez de uma escala legítima pela qual ela deve provar-se digna.

Psicoterapia Somática

Psicoterapias Somáticas integram a terapia da conversa com técnicas de concentração no corpo. Os pacientes podem ser encorajados a sentir o que está acontecendo em seus corpos quando eles têm certas emoções. As intervenções podem envolver movimento físico, a respiração, ou apenas observando e permitindo o sentimento. Essas terapias reconhecem que vivemos por meio de ambos – nossos cérebros e nossos corpos –, e que a cura envolve necessariamente as duas coisas.

Um terapeuta trabalhando com Júlia conforme a perspectiva somática pode convidá-la a prestar atenção ao que está acontecendo em seu corpo durante uma situação como a que ela experimentou no trabalho, e depois ver o que poderia ser aprendido a partir da percepção dela sobre o sentido das coisas.

Terapeuta: Você pode voltar para o momento em que percebeu que a máquina tinha feito muitas cópias? Você pode se lembrar das sensações que você teve quando você viu isso?
Júlia: Sim, algumas.
Terapeuta: Ok. É em algum lugar no seu corpo?
Júlia: Meu estômago.
Terapeuta: Em seu estômago. Você pode descrever a sensação?
Júlia: Está apertado, tenso, e sinto um tipo de calor que vai até o pescoço, também.
Terapeuta: Como está seu pescoço?
Júlia: Está tenso também.
Terapeuta: O que acontece se você apenas se sentar com essas sensações?
Júlia: Eu me sinto ansiosa.

O terapeuta faz uma pausa, dando tempo para Júlia tomar consciência do que está acontecendo em seu corpo e desenvolver um maior sentido.

Terapeuta: Existe uma maneira que você poderia se mover? Alguma maneira que seu corpo queira mover-se com essas sensações?
Júlia se curva para frente e mantém os dois braços para cima, com os punhos apoiados em ambos os lados de seu rosto.

Júlia: Talvez assim.
Terapeuta: É mais seguro desse jeito?
Júlia: Sim, é como se eu não fosse atingida pelo que as pessoas dizem.
Terapeuta: Sim, quando há dano, faz sentido que você faça isso para se proteger. É muito bom que você saiba proteger a si mesma.

O terapeuta faz uma pausa antes de continuar, dando um tempo para que Júlia se torne mais consciente do que está acontecendo em seu corpo.

Terapeuta: Vamos ver o que mais suas sensações estão pedindo. Existe alguma coisa que suas sensações queiram saber? Qualquer coisa que elas precisam ouvir?
Júlia: Talvez que cometer erros é normal, não significa que sou inútil.
Terapeuta: Você é uma pessoa valiosa, Júlia. Que não tem nada a ver com o fato de cometer erros.
Júlia: Eu notei uma outra sensação.
Terapeuta: Qual?
Júlia: É como se eu tivesse placas de armadura em meu corpo.
Terapeuta: No corpo inteiro?
Júlia: Em meu peito, nas costas, cabeça e ombros.
Terapeuta: Existe alguma coisa que você gostaria de mudar?
Júlia: É como se eu não pudesse me mover, elas são muito pesadas. Deus, estou cansada de encobrir!
Terapeuta: Existe alguma coisa que tornaria isso seguro, assim você não teria de encobrir tanto?

Júlia respira fundo. Ela levantou um pouco o corpo.

Júlia: Talvez a coisa de valor.
Terapeuta: Como é isso?

Júlia fica quase em linha reta.
Júlia: Bem, se eu tenho valor, mesmo cometendo um erro, eu não preciso encobrir tanto.
Terapeuta: Você sentou-se agora.
Júlia: Eu me senti mais leve.
Terapeuta: Você deixou cair algumas das armaduras?
Júlia: Sim.
Terapeuta: Você é valiosa e as pessoas se importam com você mesmo quando você comete erros.

Júlia fica completamente ereta. Ela respira fundo, absorvendo as palavras do terapeuta. As sensações desconfortáveis em seu estômago e pescoço se dissiparam.

Nesse exemplo, Júlia e seu terapeuta trabalharam juntos enquanto cuidadosamente observavam e eram guiados pelas sensações que Júlia vivenciava em seu corpo. Isso ajuda Júlia a fazer uso das muitas sensações que ela deve ter treinado para ignorar, no início da vida, a fim de tolerar o escrutínio da mãe.

Como Júlia se reconectou com suas sensações, agora ela será mais capaz de entender do que precisa em sua vida, e estará em melhor posição para ser compassiva consigo mesma em relação a essas necessidades.

Todos esses modos de terapia são ferramentas que podem ser usadas para sairmos de histórias que nos confinam. Ao examinarmos nossa própria experiência e compreendê-la de uma forma diferente, vamos construir um novo significado, uma nova narrativa que nos ajuda a fazer novas escolhas. Essas escolhas, por sua vez, reformulam nossa vida.

7. A cultura moderna olha para histórias e narrativas como coisas pequenas e quase bobas. Por que isso e o que as pessoas devem fazer para conseguir uma maior compreensão das histórias e do papel delas em nossas vidas?

Imagine isto: você trabalhou o dia todo, talvez tenha trabalhado muito em casa – cuidando dos seus filhos ou da limpeza –, ou tenha trabalhado fora de casa e finalmente chegou ao fim do dia. O dia parecia tão longo que você se sente drenado – vazio –, sem energia para fazer qualquer coisa, para produzir qualquer coisa, para dar mais do que você já deu. Senta-se em uma cadeira bem velha, ou no sofá, então liga a televisão e assiste a um programa. A história se desenrola e você a acompanha, vê a heroína ou o herói superar os obstáculos para conseguir algo muito querido. E às vezes, só às vezes, você tem mesmo a sensação de que alguma coisa dentro de você ressoa como algo poderoso ou bonito nessa história. Mas, na manhã seguinte, você retoma a sua vida "real", e se esquece de tudo o que estava lhe comovendo, seja lá o que for que tenha despertado dentro de você. Foi, afinal, apenas um programa de televisão, apenas alguns acreditam em histórias.

Eu penso que esse processo de sentir algo especial e depois deixá-lo para trás quando caminhamos de volta ao "mundo real" sugere o poder da narrativa, e porque a cultura moderna não reconhece o valor das narrativas: mesmo quando experimentamos seu poder, nós o experimentamos separado de nossas vidas.

Por milhares de anos, as pessoas contaram histórias. Em torno da fogueira ou da lareira, ou à cabeceira de uma criança, contar histórias era uma maneira primária, na qual um povo passou valores, ensinou às crianças um comportamento aceitável, e a se identificar em relação aos outros. As histórias eram poderosas.

Alguns de nós, os sortudos, sabíamos algo sobre esse poder. Talvez quando tínhamos dez ou doze anos, tivemos um pai ou avô, ou alguma pessoa adulta, que nos ouviu por mais de noventa segundos antes de tentar nos ensinar algo. Esse tipo de atenção é como o brilho do sol para a imaginação dos jovens. E, com o calor do sol, poderíamos criar novos mundos!

Para a maioria de nós, esse tempo passou rápido e começamos com o sério negócio de nos tornarmos adultos. Em nossa luta para ganhar a vida ou para criar nossos filhos ou, de alguma forma, buscar o equilíbrio de ambos, paramos de contar histórias. Isto é, paramos de usar nossa imaginação para prever as coisas de modo diferente do que já tínhamos experimentado.

Contar histórias tornou-se trabalho dos outros, nós tivemos de lidar com a "realidade". É claro que a maneira como entendemos a "realidade" é, na verdade, uma compilação de histórias contadas por outros, e, às vezes, por nós mesmos – mas em algum lugar ao longo do caminho, paramos de ter consciência das histórias que contamos. Então talvez agora as histórias tragam de volta o mundo do qual escapamos. E depois, retornamos a um mundo inalterado, onde não nos sentimos muito confortáveis. É fácil passar o tempo dessa forma – indo e voltando, indo e voltando, e o tempo todo ficar no mesmo lugar. Nesse cenário, a narrativa (palavra mais adequada para "contar histórias") torna-se apenas outra distração, outra mercadoria de consumo. Então, é claro que isso é visto como algo bobo. As histórias não são mais consideradas aquilo que molda nossa vida, mas como uma forma de escapar dela. É lamentável que isso aconteça porque – mesmo não sendo conscientemente reconhecido pelas pessoas – as histórias detêm grande poder. Na verdade, a história que não é reconhecida como uma história pode exercer mais poder que de outra forma. As histórias movem nossas emoções e definem nossas crenças e escolhas. Ou seja, as histórias moldam nossas vidas, mesmo que não estejamos conscientes desse fato. Uma vez que elas fazem isso, é importante compreender como as histórias funcionam em nossas vidas.

Como podemos entender melhor o papel e o poder da história em nossas vidas? Nós fazemos isso recuperando nosso papel de contador de histórias e, com integridade, contando a história de nossas próprias vidas e examinando as histórias que os outros nos contam. Isso é o que acontece em todos os modos de terapia que descrevi, elas são, cada uma, um processo pelo qual damos sentido à experiência, em seguida pegamos esse sentido que apreendemos e o usamos para nos ajudar a fazer as escolhas que moldam nossas vidas.

Você vai perceber que isso é uma coisa muito diferente de simplesmente acreditar no que se deseja ou viver em um mundo de fantasia. É completamente o oposto. Por um processo de rigorosa honestidade, nós nos libertamos das histórias antigas (velhas formas de ver e compreender o mundo) e construímos uma narrativa que é quase totalmente baseada na experiência real e plena de nossas próprias vidas. Digo quase porque há sempre espaço para chegar mais perto da verdade de nossa experiência – nunca nos aproximamos dessa lacuna. Quando estamos conscientes das histórias que contamos, não escapamos de nossas vidas, mas as vivemos com mais plenitude.

Chegando mais perto da verdade

Aqui estão algumas maneiras pelas quais a consciência da narrativa possibilita-nos participar mais plenamente de nossas vidas.

Evitando narrativas falidas

Há algumas técnicas para contar histórias que podem fazer com que as coisas pareçam convincentes mesmo quando não o são. Por exemplo, a tensão criada por um conflito não resolvido chama nossa atenção. Isso faz sentido a partir de um ponto de vista de sobrevivência – se for sobre uma batalha, há decisões a ser tomadas sobre qual lado você está, se deve fugir e o que o resultado de suas decisões vai significar para sua vida.

Mas observe o seguinte: mesmo quando o conflito é em uma tela de televisão, filme, livro de bolso, ou em outra história que alguém conte em um salão de beleza – cujo resultado não terá nenhum efeito em nossas vidas –, ainda estamos envolvidos. Um conflito não resolvido ainda comanda nossa atenção.

Isso é uma coisa ruim? Não necessariamente. Às vezes é algo maravilhoso sermos arrastados pelo enredo de um filme ou de um livro e desfrutarmos da experiência. Mas é muito importante estar atento. Por quê? Mais uma vez, porque as histórias são poderosas, e uma vez que a nossa atenção é capturada e estamos seguindo uma narrativa, ficamos menos propensos a examinar o conteúdo da história para ver se é verdade, e nos tornamos mais propensos a adotar os valores e crenças transmitidos na história. Esses valores podem estar em desacordo com seus princípios. Mas quando alguém consegue sua atenção com uma história, você fica em um estado que funciona mais pela emoção do que pela lógica. Em tal estado, você está mais aberto aos valores sugeridos pelo contador de histórias.

Considere algo tão comum quanto um comercial de um produto para os cabelos. Para você, pode ser importante ou ter valor o fato de economizar dinheiro para as férias e ter uma experiência que você sonhou. Para o fabricante do produto, o que tem valor é convencer você de que se comprar e usar o produto dele, você finalmente conseguirá o amor que procura. Se você ouvir a história dele todos os dias (digamos, a cada 15 minutos durante os intervalos comerciais) e não tiver tempo para deixar claro sua própria história, qual valor tende a vencer quando você for fazer compras?

Esse é um exemplo de uma história que é "falida" ou vazia. Se você levar a sério os valores que ela sugere, então você vai se sentir vazio. Tomar consciência do poder das histórias vai ajudá-lo mais ativamente a escolher quais histórias você vai manter perto de seu coração, para, assim, evitar esse tipo de vazio.

Aumentando nossa capacidade de ouvir

Praticando a construção de sua própria narrativa, seja por uma das formas de terapia que mencionei, pelo diário, ou por outros meios, você pode perceber que você se torna um ouvinte melhor. Se tiver seus próprios valores bem claros dentro de si, fica mais fácil ouvir os outros sem sentir a necessidade de corrigi-los, de mudar suas mentes, ou de entender a história deles apenas em seus próprios termos. Esse tipo de escuta lhe ajuda a conhecer melhor os outros, e lhe proporciona uma consciência que lhe permite relacionar-se mais com as pessoas como elas realmente são, em vez da ideia que você tem delas.

Aumentando nossa autoconsciência

Assim como conhecer melhor uma pessoa permite que você se relacione com ela de forma mais eficaz, conhecer-se melhor permite-lhe cuidar melhor de si. Saber quando você está triste ou furioso e não fingir o contrário economiza muita energia. Conhecer-se melhor também ajuda a soltar velhas histórias que estão limitando sua vida em vez de apoiá-la. Suponha que você veio de uma família onde a única maneira de expressar cuidado era se preocupando com a saúde de alguém a cada minuto de cada dia. Percebendo tal coisa e decidindo que você pode cuidar das pessoas sem preocupação constante, iria libertá-lo para se tornar mais compassivo.

Fazer uma prática de construção de narrativa própria favorece dois outros tipos de consciência. Uma é a consciência de seus próprios valores. A segunda é uma tomada de consciência de quando você está dizendo a si mesmo uma história que não é verdade – seja para obter prazer temporário ou para evitar a dor. Estar ciente dessas coisas irá permitir que você veja as escolhas que tem na vida de forma mais clara e as faça mais ativamente, em vez de meramente reagir ao que vem no seu caminho. Em termos de contar histórias, essa consciência permite que seu personagem conduza a história, em vez de simplesmente ficar à mercê do enredo. Ter mais consciência em suas narrativas também permite que você se apanhe quando começar a contar histórias que não são precisas. Por exemplo, é muito provável que, no caso em que Júlia estava dizendo a si mesma que seus colegas de trabalho poderiam pensar coisas ruins dela, ela imaginava suas palavras como reais. Com uma maior consciência de contar histórias, Júlia pode notar que estas observações vinham de sua própria mente reagindo a seu medo, e não das mentes dos seus colegas de trabalho. As palavras, então, perderiam seu poder, e Júlia poderia se concentrar melhor em seu trabalho.

Aumentando a consciência para contar histórias em nosso ambiente

Ao perceber que estamos sempre fazendo parte de histórias, fica mais fácil não nos prendermos a elas. Notícias na TV, comerciais, ou mesmo nossos amigos contando-nos sobre seu dia – tudo são histórias. Cada pessoa contando essas histórias tem uma agenda, metas e um propósito de que até mesmo eles podem não estar cientes. Isso significa que você tem que se tornar paranoico e descobrir o que todo mundo quer, e se você deve ou não acreditar em todas as histórias com as quais você entra em contato? Espero que não. Isso seria muito trabalho. Além disso, viver em um estado de alta vigilância – o tipo de estado de quando estamos com medo – não lhe permite se concentrar por muito tempo. Andar por aí o tempo todo preocupados, nos impede de pensar profundamente sobre qualquer coisa, incluindo narrativas e valores. Esse é, de fato, o motivo porque as pessoas são mais facilmente manipuladas quando elas estão com medo.

Percebendo que todas as coisas que ouvimos são histórias ficará mais fácil tornar-se um ouvinte mais exigente. Isso permitirá que você decida, mais conscientemente, quais os valores quer cultivar em sua vida. E isso lhe proporcionará mais paz, porque você terá mais facilidade para evitar respostas fortes para as histórias que se desenrolam sobre seus medos ou aquelas que o impelem a ações que não estão em conformidade com seus valores.

Por exemplo, alguns colegas de trabalho podem comentar sobre um momento maravilhoso que eles tiveram em uma festa, onde estavam muito bêbados. Talvez eles tiveram mesmo um momento incrível, talvez não. Ou apenas se convenceram de que tiveram, porque acham que é isso o que deveriam fazer. Nós não conseguimos saber. E isso é bom, porque a questão aqui não é julgarmos os motivos dos outros e nos sentirmos superiores baseados no que imaginamos sobre o porquê de eles estarem contando uma história. Isso provavelmente nos prenderia em uma outra história. Talvez a história "eles pensam que são ótimos, mas eu sou humilde e não gosto deles" lhe soa familiar? Basta verificar.

Não precisamos, necessariamente, nos julgarmos, nos compararmos com as histórias que ouvimos. Quanto mais trabalhamos para isso, mais tais histórias – e seus narradores – perdem seu poder sobre nós.

Esteja ciente de que as histórias também servem como filtros que podem limitar a sua capacidade de receber novas informações

Eu havia dito que ao contar histórias damos sentido à nossa experiência. Isso é verdade, mas é importante perceber que as histórias não são apenas um reflexo do que temos experimentado, mas são também um filtro através do qual a nossa experiência é mediada. Ou seja, o sentido que apreendemos a partir da experiência é afetado pelas histórias que já acreditamos.

Vejamos um exemplo simples para demonstrar a ideia, e então um exemplo mais complexo para ver como isso pode acontecer em nossas vidas de diferentes maneiras.

O caso de Edward

Edward é um homem de 40 anos que foi criado por seu avô. Ele lhe forneceu muitas coisas boas: um lugar para morar, comida, e disciplina para ajudá-lo a crescer como alguém que poderia viver por conta própria.

Edward amava seu avô e ficou arrasado quando ele faleceu, vinte anos atrás. Durante seu crescimento, Edward não teve muito tempo de convivência com outros adultos, então, assumiu muitas das crenças de seu avô. Entre elas, uma forte crença de que a Terra é plana. Se Edward acredita em uma história que diz que o mundo é plano, sua tendência será apegar-se aos detalhes correspondentes a essa narrativa, e encontrar razões pelas quais as observações que vão contra essa narrativa devem ser falhas. Uma conversa entre ele e alguém que sabe que a Terra é uma esfera pode ser assim:

Edward: Eu sei que a Terra é plana, porque eu posso ver que é plana! Se fosse redonda como uma bola, eu só poderia andar até certa distância, então eu escorregaria de lado.

Alguém: Mas veja você, a Terra é tão grande que se realmente andasse em torno de sua curva você não perceberia que isso estaria acontecendo.

Edward: Bem, isso não é conveniente. Sua teoria da Terra redonda conta com uma Terra que é tão grande que a curva não pode ser detectada por nossos sentidos. Eu vejo o que você está tentando fazer!

Alguém: Ah, eu não estou tentando fazer nada. Estou simplesmente dizendo que há uma grande quantidade de evidências que demonstram que a Terra é esférica.

Edward: Bem, eu não vi isso!

Alguém: Você já olhou para ela?

Edward: Claro que não! Por que eu iria perder meu tempo procurando algo que não existe?

Alguém: Mas isso existe. Você viu as fotos da Terra tiradas da Lua?

Edward: Oh, eu vi as imagens que dizem que foram tiradas da Lua. Como você é ingênuo! Você sabe que tudo pode ser feito com efeitos especiais. Você não assiste a filmes?

Alguém: Bem, sim, isso poderia ser feito com efeitos especiais, mas não foi.

Edward: Claro. Quer saber, eu não acho que quero ouvir mais nada sobre essa tolice.

Frustrado, Alguém se vira e se afasta de Edward. A uma distância de cerca de duzentos metros, Edward ainda pode vê-lo, e não vê nenhuma curva da Terra entre os dois. Ele inspira profundamente...

Edward: Viu? Eu disse que era plana!

Edward pode estar preso em sua história da Terra plana por várias razões. Ele pode temer que decidir algo diferente sobre a forma da Terra seria uma traição ao avô, que lhe deu tanto. Pode temer que estar errado sobre a forma da Terra o leve a questionar suas próprias crenças sobre todo o resto. Mas seja qual for o motivo, é provável que as escolhas de Edward sobre o que acredita agora estejam sendo impulsionadas principalmente pelo medo. E enquanto este processo continuar, Edward vai agarrar-se a antigas histórias. Ele permanecerá preso, incapaz de receber novas informações, e de fazer novas escolhas.

Agora, vamos revisitar Júlia e seu terapeuta em uma parte final, depois de Júlia estar em seu novo trabalho por alguns meses. Nesta sessão, Júlia descobre que uma história de sua infância não só influenciou seu comportamento, mas também a impedia de ver os resultados dele.

Júlia – Parte II

Júlia: Minha mãe sempre disse que eu era muito segura de mim mesma dessa forma eu iria ter problemas –, que as pessoas não gostariam de mim se eu fosse exibicionista.

Terapeuta: Você acredita nisso?

Júlia: Eu não sei, acho que devo. Assim: se eu fizer as coisas bem-feitas, eu irei pagar por isso. É o que acontece também no meu trabalho, porque às vezes quando capricho no que faço, especialmente em um projeto, o resto da minha equipe não parece feliz com isso.

Terapeuta: Não parece feliz?

Júlia: Sim, eles não falam tanto comigo, por alguns dias, ou parecem frustrados comigo.

Terapeuta: Você está falando sobre projetos da equipe?

Júlia: Sim. Em geral é assim que funciona, os projetos são atribuídos a uma equipe.

Terapeuta: Como vocês trabalham juntos?

Júlia: Pelo telefone, por e-mail ou em reuniões. Mas quando eu acho que estou indo muito bem, eu tomo o cuidado de me afastar.

Terapeuta: Afastar?

Júlia: Você sabe, eu tento não ser exibicionista, pretensiosa.

Terapeuta: Não, eu não sei. O que quer dizer?

Júlia: Ah, eu parei de falar tanto com a minha equipe, para que eu fique fora dos holofotes no final. Mas mesmo isso não funciona, pois eles ainda não parecem felizes comigo.

Terapeuta: Talvez você esteja adequando as informações atuais para a sua história, em vez de ajustar a sua história com base nessas informações.

Júlia: O quê?

Terapeuta: Você tem certeza de que o motivo deles pararem de falar com você é porque você faz as coisas muito bem? Ou poderia ser apenas porque eles não gostam que você recue e fique menos disponível quando a equipe tem prazos a cumprir.

Júlia: Bem, eu faço um bom trabalho.

Terapeuta: Eu não tenho nenhuma dúvida disso. O que estou querendo saber é se, pelo fato de você acreditar que fazer as coisas bem-feitas vai resultar no desagrado dos outros com você, você interpreta todos os sinais de insatisfação como resultado de seu desempenho, quando é possível que eles sejam sobre alguma outra coisa.

Júlia: Eu tenho certeza de que, às vezes, eles simplesmente não querem que eu faça bem-feito.

Terapeuta: Bem, talvez alguns deles não. Eu certamente não sei. Nós não podemos saber.

Júlia: Acho que não.

Terapeuta: Mas considere isso: é possível que acreditando tão fortemente que fazer bem as coisas atrairá desaprovação, você acabe se afastando de seus colegas de trabalho, deixando de fazer o seu melhor trabalho com eles?

Júlia: É possível.

Terapeuta: Será que eles não acham decepcionante o fato de que, quando você começa a trabalhar junto deles e bem, você recue ao final de cada projeto?

Júlia: Então você está dizendo que o modo de eles agirem poderia ser sobre o meu afastamento, em vez de ser por eu fazer um bom trabalho?

Terapeuta: Estou dizendo que é possível que acreditar em uma velha história sem questioná-la obriga você a agir de determinada maneira. Neste caso, é a história de sua mãe sobre como você pensa bem de si própria e como os outros não vão gostar de você quando você fizer as coisas direito. Também estou dizendo que acreditar nessa história a impede de entender o feedback que seus colegas de trabalho estão lhe dando sobre suas atitudes.

Júlia: Wow! Como você sabe disso tudo?

Terapeuta: Fica mais fácil com a prática. Os mesmos padrões tendem a surgir.

Júlia: Mas esses padrões não são como histórias? Como vou saber quando uma velha história é boa ou ruim?

Terapeuta: Agora você me pegou! Essa é uma boa observação e uma boa pergunta. Nem todas as histórias antigas são ruins, principalmente porque elas nos poupam tempo e esforço. Essa é uma razão para as empregarmos de bom grado. A chave, porém, é estar ciente quando estamos usando uma velha história, para que possamos decidir se ela é realmente apropriada ou se precisamos escrever uma nova história.

Assim como acreditar que a Terra é plana tornou impossível para Edward receber qualquer nova informação sobre a forma da Terra, a crença de Júlia de que os outros se ressentiam sobre seu desempenho tornou impossível para ela entender a frustração de sua equipe. Não podendo ver essa questão de forma clara, ela estava cega para as escolhas que ela poderia ter, para melhorar a situação.

Mas Júlia fez as escolhas que ela foi capaz de fazer. Ela foi a um terapeuta em busca de ajuda e falou sobre coisas que importavam para ela. Compartilhou sua história da melhor maneira possível, escutou e pensou sobre o que ela estava dizendo e sobre o que seu terapeuta disse a ela.

Isso permitiu que ela recebesse ajuda de seu terapeuta para desapegar-se de uma velha história. Agora ela tem opções que não tinha antes. Por ter escolhido participar do processo de narrar e analisar sua própria história, Júlia pode, agora, fazer escolhas que, para ela, anteriormente nem sequer existiam!

Assim como Júlia, somos tremendamente influenciados por nossas histórias. Então, é importante pensar sobre quem está no comando das histórias que influenciam sua vida. Eu posso incentivá-lo a assumir esse papel para si mesmo, mas a decisão é sua. De muitas formas, as respostas que eu dei a estas perguntas criaram uma história sobre histórias. Quanto ao que você acredita e como você vai usar tudo isso, você decide.

E voltamos, ao ponto principal. Todas as terapias que examinamos neste capítulo, mudam narrativas e significados construindo a partir de alguma coisa que acontece passivamente até algo que você se envolve conscientemente. Isso lhe dá escolhas sobre o que você acredita, o que irá influenciá-lo, e qual o significado que você obterá a partir de sua narrativa, usando-o para moldar sua vida.

Esse é o poder de contar sua história.

"Quando os ventos de mudança sopram, umas pessoas levantam barreiras, outras constroem moinhos de vento."
Érico Veríssimo (1905-1975)

CAPÍTULO 6

O PODER DAS HISTÓRIAS DE AMOR

"Dê a quem você ama: asas para voar, raízes para voltar e motivos para ficar."

Dalai Lama (1935 -)

Há momentos em nossas vidas que precisamos encontrar forças em algum lugar dentro de nós mesmos – ou em alguém que nos apoie -, para nos desvencilharmos de histórias danosas que podem nos levar a um infindável sofrimento. Quando as situações trazem dor e parecem nos derrubar, a força que pode nos reerguer é chamada de "amor." O amor é uma força poderosa de transformação. Ele nos ajuda a superar obstáculos, movendo-nos para frente, a fim de começarmos uma nova história. E esta história vai nos levar a uma nova vida.

Aqui está uma história que Richard conta sobre o poder do amor.

A história de Pavel

No verão de 2011, eu tive a oportunidade de dirigir um documentário que mostrou um lado diferente do Holocausto. Em vez de lidar com mortes e atrocidades, ele mostra como alguns judeus sobreviveram à Segunda Guerra Mundial, fazendo peças cômicas de cabaré, no Gueto de Terezin, que está localizado a 65 quilômetros de Praga, na República Tcheca.

Para o documentário, eu entrevistei os sobreviventes. Foi maravilhoso ouvir suas histórias e aprender sobre a vida dessas admiráveis pessoas que sobreviveram a tremendas dificuldades, em face de um mal tão grande.

Então, agora, eu vou compartilhar com vocês a história do último membro sobrevivente do Segundo Cabaré Tcheco. Seu nome é Pavel Stransky e ele tem 92 anos. Ele era filho único e seu pai cometeu suicídio em Praga, em 1940, após a ocupação nazista e, em seguida, sua mãe foi mandada para a morte em uma câmara de gás em Treblinka. Órfão aos 20 anos, foi enviado para o gueto e campo de concentração conhecido como Terezin.

Diante de tais dificuldades, você poderia pensar que Pavel seria amargo, mas quando ele fala de seu tempo em Terezin, ele não maldiz os nazistas. Em vez disso, Pavel conta como, aos 20 anos, ele se apaixonou por sua esposa. Seu rosto sempre se ilumina quando fala de seu grande amor.

Pavel e sua esposa se conheceram antes do Holocausto, em 1938, mas foi no gueto que eles se apaixonaram. Ela também era filha única, como ele, e toda a sua família também foi morta no Holocausto. Foi uma época muito difícil para ambos, mas eles eram jovens que acreditavam no amor. Então, eles se casaram no campo de concentração Terezin, em 1943, e um apoiava o outro, para sobreviverem. Pavel escreveu diversas canções de amor falando de sua esposa e essas músicas foram apresentadas no Segundo Cabaré Tcheco.

No entanto, no final de 1943, Pavel foi enviado a Auschwitz, apenas alguns dias antes da abertura do cabaré, que apresentou todas as canções que ele havia escrito. Ele nunca teve a chance de sequer ver o show que ele tinha trabalhado tão duro. Mas ele sabia que a arte ajuda a sobreviver e até mesmo em Auschwitz, quando ele não tinha uma caneta ou papel, compunha poemas em sua cabeça.

Quando Pavel saiu de Terezin para Auschwitz, ele foi separado de sua esposa e logo depois, ela também foi enviada para um campo de morte diferente. Com o passar dos meses, em 1944, ambos estavam convencidos de que o outro havia morrido.

Enquanto isso, em Terezin, o Cabaré, apresentando as canções de Pavel, acabou por se tornar muito popular e ajudava a entreter as pessoas que lá viviam. O show – com canto, dança e comédia – ajudava os prisioneiros judeus a escaparem de sua terrível situação, mesmo que apenas por algumas horas.

Em 1945, quando a Guerra estava terminando, o comandante nazista do campo de concentração onde estava Pavel forçou-o, junto a outros judeus sobreviventes, a iniciarem a marcha da morte. Eles marcharam todo o caminho de volta para Terezin. Neste momento, a esposa de Pavel estava em Bergen-Belsen, que tinha sido libertado pelos britânicos. Então, ela foi a Praga, dois meses depois que Pavel lá chegou, e eles se reuniram novamente, no dia mais feliz de suas vidas.

Dessa forma, a história de Pavel sobre o Holocausto é realmente uma história de amor. Depois de passar por essa experiência horrível e estando novamente junto com sua esposa, ao final da guerra, Pavel aprendeu algumas importantes lições. Ele agora acredita que sem amor você não pode viver.

Hoje, aposentado, Pavel viaja e realiza palestras sobre o Holocausto. Quando termina sua palestra, ele sempre pergunta:

– O que você acha que é a coisa mais importante na vida?

E as pessoas costumam responder:

– Família, saúde, alimentação, dinheiro...

E então alguém vai dizer:

– Amor – e esta é a resposta que Pavel está esperando.

Nas próprias palavras de Pavel:

– A coisa mais importante na vida é o amor. O amor tem vários aspectos, assim como as facetas de um diamante artisticamente moldado. Sem amor – amor entre homens e mulheres, pais e filhos, avós e netos, o amor de Deus –, a pessoa apenas vegeta. As faces do amor também incluem amizade, compreensão, tolerância, abnegação, autossacrifício, e muitas outras.

Essa é a história de Pavel. Ele tem escrito e reescrito por vezes sem fim, mas agora, com mais de 90 anos, ele passou a acreditar que a vida é simples:

– Você deve comer, você deve beber, você deve amar... e você deve rir também.

Às vezes você precisa de um impulso poderoso para romper com as narrativas prejudiciais que estão governando sua vida. E quando você se sentir preso, o amor poderá ser a força que o ajudará a se mover em direção a uma nova história, que o levará a uma existência saudável e feliz.

Mas o que fazer quando as crises na vida a dois ameaçam uma história de amor? Veja o que Eliana tem para contar...

Como fazer um amor durar?

– Você acha que um amor tão duradouro pode acabar?

Essa pergunta, minha amiga, que aqui vou chamar de Kelly Duarte, me fez ao ligar em meu celular. Ela havia lido meu livro *Acordando para a Vida* e disse ter certeza de que eu poderia lhe dar apoio.

Não emiti opinião por telefone, seria irresponsabilidade. Senti imensa vontade de conversar com ela. Éramos amigas desde a juventude, fomos colegas na escola, mas, depois de adultas, acabamos nos afastando e só nos encontrávamos, de vez em quando, em eventos sociais.

Ela me explicou que se sentia bastante infeliz, após vinte e dois anos de casamento, pois ela e o marido já não combinavam como antes.

– Cheguei àquele ponto onde já perdi o interesse pelo meu marido, nem sei mais se ele tem interesse por mim, nos distanciamos, Eliana. Você que é casada há mais tempo que eu, poderá me ajudar.

Pela sua voz, eu percebi que Kelly tinha chorado. Por suas palavras, entendi sua frustração e decepção. Eu tentei acalmá-la e combinamos de nos encontrar em um café, à noite.

Preocupada com Kelly, resolvi enviar um e-mail para ela. Talvez fosse possível que ela lesse antes de nos encontrarmos.

Abri meu laptop e escrevi:

Kelly, minha querida, eu não posso responder por você se seu amor, tão duradouro, acabou. Mas posso oferecer-lhe algumas reflexões. Procure entender, até nossa forma de amar muda com o tempo. É preciso deixar para trás toda e qualquer visão iludida e infantil do amor, porque a convivência, aos poucos, mostra aos parceiros as imperfeições e as frustrações de cada um. Além disso, o relacionamento afetivo passa por fases naturais: no início, há aquela paixão entusiasmada, basta pensar na pessoa amada e o coração já dispara, mas, com o passar dos anos, é preciso desenvolver uma determinação amorosa para conti-

nuar apaixonada apesar dos desgastes da relação, ao enfrentar os problemas do cotidiano. O resto, Kelly, é ilusão! Pense nisso! Até daqui a pouco.

Beijos, Eliana

Quando nos reunimos naquela noite, Kelly logo foi dizendo, chorosa:

— Li sua mensagem, Eliana. Estou sofrendo muito, amiga. Marcos e eu vivemos uma longa história de amor e cumplicidade, mas, hoje, tudo parece desmoronar.

Respirou fundo e continuou:

— Sabe, Eliana, nunca consegui provar nenhuma traição do Marcos, ele garante ser fiel a mim, mas eu sou muito desconfiada. O mais triste é que já não sinto o mesmo interesse e admiração pelo meu marido. Brigamos muito por causa de meu ciúme, mas meu coração já não dispara ao pensar nele. Parece que nossa relação esfriou.

— Esfriou como, Kelly?

— Não sei explicar direito, estou confusa, mas para mim, é impossível amar sem admirar. De uns tempos para cá, Marcos tem me desapontado muito, ele já não é o mesmo!

— Mas, Kelly — resolvi desafiá-la —, será que foi seu marido quem mudou ou foi você?

Ela logo foi dizendo:

— Foi ele! — Mas, na mesma hora, sua voz hesitou. — Não sei, Eliana. Talvez tenha sido eu quem tenha mudado, e agora enxergo defeitos nele que já existiam... Será? Há uma implicância entre nós... Não dá pra entender...

Eu expliquei:

— Kelly, isso é como um jogo. Ele lhe provoca com comportamentos que você não aprova e você cai nessa provocação. E, em um ambiente cheio de ressentimentos e mágoas, o amor se esconde. Mas ele, o amor, permanece lá, Kelly, dentro de vocês, só esperando a oportunidade para se manifestar.

— Você pensa assim, Eliana? — perguntou Kelly, incrédula. — Mas será possível admirar esse homem se ele me dá tão poucos motivos para admiração? Vivemos irritados um com o outro. Até nossa vida sexual ficou comprometida.

— Kelly, minha querida, como eu disse, vocês estão jogando. Marcos faz o papel de filhinho mimado e, você, o de mãe disciplinadora, chata. Nesses papéis assumidos por vocês, é comum o desejo sexual desaparecer. Marcos precisa de uma mulher, não de uma mãe, e você quer um homem não um filho para educar. Entendeu o funcionamento desse jogo?

– Eliana, eu detesto discussões, mas não tenho gênio bom para aceitar desaforo calada. Eu não admito ser capacho para ninguém!

– Kelly, sabe um jeito perfeito para cortar logo esse jogo entre mamãe e filhinho? Ao perceber tentativas de provocação, olhe firme nos olhos dele, e diga: "Marcos, eu não sou sua mãe!". Depois, saia de perto. Aos poucos, ele terá consciência de suas atitudes infantis e irá se controlar.

– Será que ainda temos chance de salvar nosso amor, Eliana?

Para mim, só o fato de Kelly se preocupar em entender os conflitos com o marido já demonstrava que o amor dela não tinha acabado. Mas quem precisava ver isso era ela.

– E não sou só eu frustrada nessa história... Marcos também parece muito infeliz com essa situação – Kelly completou.

– Kelly, ao longo desses anos passados, você se transformou em uma mulher confiante e vencedora e essa mudança pode interferir na relação de vocês.

Lembrei-me dela, jovem, afirmando sobre o dia em que seria uma famosa juíza. E continuei:

– Kelly, você realizou seu sonho juvenil, ficou famosa, mas está pagando um preço por isso.

Ela assentiu com a cabeça.

– Sim, Eliana, o Marcos parou no tempo, não evoluiu na profissão.

Expliquei:

– Kelly, é normal o homem sentir-se ameaçado se sua parceira tem mais destaque do que ele, e a situação fica pior quando a mulher conquista independência financeira. Para muitos homens, segurança na vida a dois é ter a mulher dependendo do dinheiro dele, você me entende?

Eu, pensando em como lhe sugerir mudanças positivas no relacionamento, disse:

– Kelly, coloque-se no lugar do Marcos. Imagine como pode ser difícil para o homem que se apaixonou por você há mais de trinta anos, quando vocês eram jovens sonhadores, aceitar, hoje, ser conhecido como o marido da distinta juíza Kelly Duarte. Para o tipo de criação que ele teve, isso é muito doloroso.

Kelly demonstrava não só interesse pelo assunto, mas parecia aliviada também. Ela falou:

— Sabe, Eliana, na hora das nossas brigas, eu sinto muita raiva dele, fico pensando que talvez eu fosse mais feliz se estivesse sozinha. Aí, mais tarde, me culpo por esses pensamentos...

— Kelly, respeitar nossas próprias emoções negativas é a melhor forma de lidar com elas. Entenda que você sente raiva não do Marcos, e sim do comportamento dele. Isso faz grande diferença.

Kelly suspirou e sorriu. Um instante depois, fechou o semblante e disse:

— É, Eliana, mas não me sinto satisfeita e amada tal qual nos primeiros anos. Há uma frieza estranha entre nós... — e começou a chorar.

Eu me aprumei na cadeira:

— Kelly, acorde para a vida! Pare com dramas! Basta! Hora de crescer! Isso aí não é nada tão terrível, você está agindo como se tivesse doze anos de idade. Chega de ilusões! Você é inteligente, capacitada, bem-sucedida em sua profissão, só falta mesmo o amadurecimento emocional. É perda de tempo exigir perfeição do seu homem e perfeição da vida!

— Nossa, Eliana, você ficou brava! Marcos é bom companheiro, mas há outro defeito nele que me deixa louca, ele não conta tudo para mim! Isso me enfurece! — Kelly falou, com jeito de menina mimada.

— É... Kelly, você deu sorte de ter um marido sério e honesto, e eu sei disso porque já ouvi comentários a esse respeito. Mas tome cuidado, o homem quando se percebe infeliz consigo mesmo e com o relacionamento, costuma culpar sua parceira e sair pelo mundo à procura de aventuras amorosas, para entender os acontecimentos de sua própria existência...

— Eu tenho total noção do perigo, Eliana. Por isso eu morro de ciúmes dele!

— Kelly, escute isso, segundo pesquisas sobre infidelidade masculina, em mais de 90% dos homens que traíram suas esposas, o grande motivo não foi a atração sexual por outra mulher, e sim, a possibilidade de ser apreciado e valorizado por alguém. O homem precisa viver em conexão emocional com sua parceira. Ele necessita... necessita, entendeu? Ele necessita se sentir admirado, elogiado pela parceira. Ele se afasta de casa quando sua esposa já não o valoriza, nenhuma atitude, nem o jeito dele de ser — o que ele faz é visto pela companheira como obrigação, e ela só percebe as falhas dele. Kelly, isso é uma tragédia para o casamento. O marido sente sua autoestima abalada e, sem dificuldade, acaba encontrando, fora do lar, mulheres cheias de carinhos, agrados e elogios... – expliquei e observei sua reação.

— Claro, as mulheres lá fora não convivem com ele, não sabem das manias que ele tem, só enxergam o lado positivo, não é? – completou Kelly. E continuou: — Eliana, você fica aí falando que os homens valorizam as amantes porque elas os admiram, e isso e aquilo... Pois então diga-me o que vou fazer para admirar meu homem. Ajude-me!

— Kelly, comece imaginando que conheceu seu marido hoje. Assim, veja só qualidades, beleza física, habilidades, elogie tudo de interessante que ele fizer. Ao beijá-lo ou tocar o corpo dele, imagine-se o acariciando pela primeira vez e, então, desfrute do prazer dos afagos – expliquei, observando a cara espantada de Kelly.

— Ah, Eliana, você está louca?! Isso é impossível! Eu o conheço há mais de trinta anos! Como vou imaginar que ele é outro homem? Isso é impossível...

— Kelly, minha querida, isso é estratégia de sobrevivência! – falei brincando. – Quanto mais você pratica essa técnica, mais ela fica interessante, quanto mais você elogia seu marido, mais motivos você terá para elogiá-lo. Os homens agem feito crianças em relação a elogios e, pior, também em relação às críticas! E mais, é bom observar com cuidado essa mania de independência e de querer resolver todos os seus problemas por conta própria. Por exemplo, se aparecer uma aranha, faça charminho, grite para o Marcos espantar o animalzinho dali... Se uma lâmpada queimar, chame-o para trocar. Peça-lhe opinião sobre decisões que você tiver que tomar. Procure motivos para valorizá-lo. Kelly, seu homem precisa se sentir útil e importante na sua vida, entendeu? Sentimento de importância, isso é fundamental para a vaidade masculina!

Kelly ouvia, boquiaberta. Porém, não ficou calada por muito tempo:

— Engraçado, não é? Nós mulheres ficamos aprendendo a lidar com os homens, como tratá-los melhor, isso e aquilo, mas eles nem ligam para nós! Eu quero ver é o Marcos mudar, ora essa!

— Kelly, esse é o grande problema da humanidade, ficar esperando mudanças nos outros, ou, pior, querer mudar os outros. Preste atenção, não queira mudar seu marido, porque ninguém muda ninguém. Só o fato de você tomar uma nova posição diante dos conflitos já desencadeará uma grande transformação em sua vida conjugal. Eu lhe garanto!

E continuei com o puxão de orelha:

– Kelly, minha querida, o grande segredo é não se acomodar. Reclamar, exigir mudanças em seu marido ou acusar é muito fácil, mas fazendo isso você deixará de lado todas as possibilidades de você ser, hoje, até mais feliz do que antes, ao lado de Marcos.

– Eu não peço quase nada, Eliana. Só quero viver em paz com meu marido, sem passar por problemas desse tipo... Estou pedindo demais?

– Kelly, é hora de dar um basta nessa visão infantil de querer ter estabilidade na vida, porque tudo no mundo muda. Se você não mudar, será mudada pelas circunstâncias, e isso pode ser muito dramático. Você tem o poder de mudar sua historia já!

– Falar é fácil... – disse Kelly.

Mas eu não desisti.

– Quando você encontrar seu marido hoje, descubra um novo homem, tenha olhares amorosos, nada de críticas. Você já viu amantes se criticarem? Críticas matam qualquer relacionamento, Kelly!

– Ah, meu Deus, quantas mudanças eu preciso fazer em minha vida... Mas tudo bem, eu quero pagar esse preço. Veremos... Já pensei até em trocar de marido, achando que assim meus problemas resolveriam...

– Trocar de marido não resolveria seus problemas, Kelly, pois eles, os problemas, estão em você, e iriam lhe acompanhar, de casamento em casamento.

– Sua franqueza me assusta, Eliana.

Bom saber do espanto de Kelly. Assim, seria mais fácil para ela criar coragem para mudar.

– Kelly, é muito triste, quase impossível que alguém fique casado com a mesma pessoa por muito tempo. Só que em vez de trocar de marido ou esposa, casando-se de novo (já pensou o desgaste?), o ideal é que essa pessoa "case-se" quantas vezes for preciso, mas com o mesmo companheiro; e faça uma renovação caprichada dessa união. É importante que ela mude o visual, emagreça alguns quilos, troque de casa e renove até os móveis como se realmente fosse trocar de companhia. Isso revigora o relacionamento.

– Eliana, nunca pensei nisso...

— Kelly, eu sugiro a você compartilhar com Marcos esse aprendizado – combine com ele de vocês namorarem outra vez, seduzirem mutuamente, escrever bilhetes carinhosos entre si, saírem para dançar ou jantar num restaurante à luz de velas, ou fazerem um cruzeiro marítimo revivendo a fase da conquista.

— Eliana — interrompeu Kelly –, espere um minuto, preciso fazer um telefonema urgente! Já volto!

Ela parecia estranha.

Quando voltou, revelando um semblante mais leve, jovial, ela falou:

— Sabe o que eu fiz, Eliana? Convidei Marcos para esse nosso encontro. Espero que você tenha mais tempo para conversarmos juntos. Você me inspirou com essas palavras, eu quero compartilhar com ele. Vou mudar, Eliana, eu quero mudar!

Senti imensa felicidade:

— Ótimo, Kelly, ainda tenho tempo. Enquanto esperamos, vamos pedir outro café.

Perguntei se Marcos sabia do nosso encontro, sobre o teor de nossa conversa. Ela disse que sim, ele também buscava apoio para tentar salvar o casamento deles. E que ele logo chegaria, porque o escritório dele ficava perto dali.

Passados uns dez minutos, Marcos nos abordou, na mesa, simpático, mas aparentando certo constrangimento. Eu já o conhecia desde o namoro deles, então, fiquei à vontade. Sentia-me satisfeita em poder apoiar aquele casal em um momento tão frágil de sua relação.

E, sem demora, voltei-me para Marcos.

— Kelly e eu estamos aqui trocando algumas ideias sobre as naturais dificuldades de todos os relacionamentos afetivos. Sabe, Marcos, há alguns pormenores na vida a dois primordiais para a felicidade.

Ele me interrompeu:

— Sei sim, Eliana, e a Kelly já deve ter dito a você que precisamos muito aprender a viver melhor a dois, disse?

Continuei:

— Sim, Marcos, o primeiro ponto a observar é que vocês precisam parar de colocar foco nas imperfeições do outro e começar a celebrar as diferenças.

Nada de querer que o outro tenha os mesmos pensamentos que você, ou sinta o que você sente. No relacionamento afetivo não funciona assim.

Retornei para Kelly:

– Isso eu ainda não lhe falei, é muito importante, para o homem sentir-se em paz consigo mesmo e autoconfiante, ele precisa ter três respostas claras: quem ele é, o que ele faz e o quanto ele ganha. Isso define um homem. Sua realização como pessoa depende de sucesso profissional, reconhecimento do próprio talento e dinheiro. Concorda, Marcos?

Ele pareceu se assustar diante dessa pergunta tão direta. Hesitante, respondeu:

– Sim, Eliana, sinto falta disso em minha vida. Essas questões ligadas a reconhecimento profissional mexem muito comigo...

Continuei:

– Na mulher, Marcos, isso costuma manifestar de modo diferente, pois ela se define pelos relacionamentos. Se há equilíbrio na vida conjugal ou familiar, a autoconfiança da mulher aumenta. Já o homem, se não sentir-se feliz com a profissão, não tiver reconhecimento no trabalho ou estiver desempregado, mesmo se a experiência no lar for maravilhosa, ele ainda se sentirá incompleto. Para o parceiro, felicidade é realização profissional.

– Humm... Ele é assim mesmo, Eliana! – interrompeu Kelly.

Marcos apertou a mão de Kelly e gesticulou, pedindo silêncio.

Prossegui:

– E você, Kelly, pode até ser famosa e muito rica, mas se sua história pessoal estiver um caos, você se sente triste, incompleta, insatisfeita... Isso é normal entre as mulheres.

– Por isso nós dois nos sentimos infelizes... – falou Kelly.

– Estou mais aliviado – disse Marcos, sorrindo. – Eliana, isso é verdade!

Eu, entusiasmada com a receptividade dos dois, prossegui falando:

– E tem mais! É importante entender que cada pessoa tem um jeito peculiar de se comunicar. Nós, humanos, usamos três canais sensoriais para nos expressar e entender o mundo, mas, de forma geral, um desses três é mais utilizado do que os outros dois. Parece complicado, mas não é!

Kelly me interrompeu:

— Eu não entendo, Eliana. O que isso tem a ver com nosso problema?

— Você vai entender, Kelly! Esses canais usados na nossa comunicação são: o visual, o auditivo e o cinestésico. Uma pessoa mais visual observa a aparência de tudo e todos à sua volta, memoriza melhor aquilo que vê; um indivíduo mais auditivo dá mais atenção e arquiva melhor na memória o que ouve, gosta de ouvir elogios e odeia ouvir críticas; e aquele cujo canal mais ativo é o cinestésico gosta de movimentos, de carinhos e memoriza com mais facilidade por meio de emoções, cheiros e sensações, o cinestésico fala tocando nas pessoas e gesticulando muito.

— Ah... Eu já sei o do Marcos — ele é visual —, mas o meu canal eu não consigo distinguir... — interrompeu Kelly.

— Essa é a Kelly, Eliana — interveio Marcos. — Ela adora acusar as pessoas, mas não enxerga os próprios defeitos.

Antevendo possível discussão entre eles, eu disse:

— Calma, pessoal, isso não é defeito não, é característica. Uma pessoa mais visual gosta de ver tudo muito organizado, bonito, mas não se sente confortável com toques e abraços, sendo considerada pelos outros como alguém frio, insensível. Também não aprecia muita conversa. A comunicação ocorre no nível dos olhares. Seu marido, Kelly, declara o amor dele com o olhar, assim como ele fala de sua beleza com o jeito de olhar. Então, seja mais sensível para perceber isso.

— Sim, começo a entender. Por isso ele não escuta o que eu falo pra ele? Tem hora, Eliana, pareço falar com uma parede e não com meu marido... Pior é quando ele diz ter entendido meus pedidos ou explicações, mas depois não se lembra de nada... É horrível para mim, me sinto um lixo, desprezada, insignificante!

Marcos permanecia absorto em minhas palavras, demonstrando interesse nesse assunto. Nem se importou com essa queixa da esposa.

Prossegui:

— Entendo, Kelly, mas isso é falha na comunicação entre vocês! A melhor maneira de conversar com Marcos será escrever para ele cartas, mensagens, e-mails, e vocês verão, aos poucos, seu relacionamento reviver! Se você tiver elogios para fazer a ele, escreva! Caso tenha reclamações, escreva também! Kelly, outra dica pra você: crie hábito de escrever bilhetinhos ousados para ele e.... aguarde! Os resultados serão surpreendentes! – eu falei, sorrindo, com malícia, para os dois.

Marcos, relaxado em sua cadeira, saboreava um café.

Perguntei a Marcos se ele tinha alguma dúvida e expliquei que essas situações conflituosas não ocorrem em razão de defeitos, mas de características pessoais que precisam ser conhecidas e respeitadas.

Ele, interessado, disse:

– Eu tenho uma pergunta, eu não me sinto bem abraçando, beijando... Então, o que fazer se a Kelly insistir naquela carência afetiva e reclamar que sou insensível?

– Sabendo dessas dificuldades na comunicação familiar, Marcos, você deve ceder de vez em quando, ok? Kelly, também não exigirá tanto de você, ela vai entender suas limitações, e vocês dois podem melhorar nessas particularidades, agradando o parceiro. Isso é uma decisão. O importante é a conscientização, porque aí ninguém fica pensando em desamor ou desprezo do outro, e as carícias, pouco a pouco, começam a fluir.

Kelly pareceu gostar da resposta. Fez carinho no rosto do marido, sorriu para mim e falou:

– Sabe, Eliana, se eu olhar por esse novo prisma, então não é o nosso amor que está acabando, mas sim nossa capacidade de entender o outro no jeito de ser dele. Muito interessante, porque começo a vislumbrar luz no fim do túnel...

Nós três demos uma boa risada. Era visível a mudança de energia do casal. Um olhava para o outro com brilho nos olhos e, então, percebi que chegara a hora de deixá-los a sós.

Quando nos despedimos, Kelly falou ao meu ouvido:

– Agora entendo, Eliana! Para nosso amor durar é preciso que eu e Marcos tenhamos preparo para mudanças e firme decisão de sermos felizes! Obrigada, minha amiga! Sinto ter amadurecido anos em minha vida nessas horas em que passamos juntas.

Pouco mais de dois anos após essa conversa, Marcos e Kelly convidaram a mim e ao meu marido para acompanhá-los em um cruzeiro pelo Caribe, onde eles iriam comemorar mais um aniversário de casamento.

Ao nos encontrarmos no navio, eu envolvi Kelly num abraço apertado e falei a ela da minha alegria em ver que eles foram capazes de aparar as arestas do relacionamento e de reescrever sua história de amor.

Em uma verdadeira história de amor, só o amor não basta! Para qualquer relacionamento ser bem-sucedido, é necessário o autoconhecimento, o respeito (a si mesmo e ao outro), intenção e uma decisão madura para permanecerem juntos. Cada parceiro precisa desenvolver competências para ser feliz. A vida a dois é como um jardim: se você cuida, ele floresce, mas se você não dá atenção, ele definha.

"O amor está mais perto do ódio do que a gente geralmente supõe. São o verso e o reverso da mesma moeda de paixão. O oposto do amor não é o ódio, mas a indiferença."
Érico Veríssimo (1905-1975)

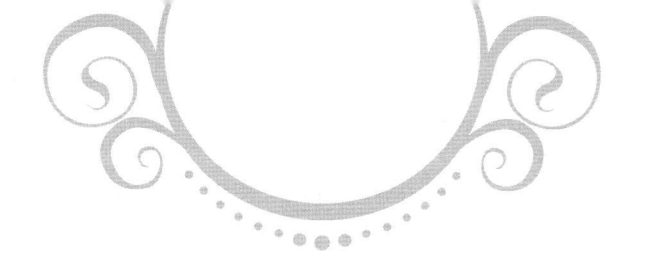

CAPÍTULO 7

MUDE SUAS HISTÓRIAS, MUDE SUA VIDA

"Uma pessoa feliz não é uma pessoa em um determinado conjunto de circunstâncias, mas uma pessoa com um determinado conjunto de atitudes."
Hugh Downs (1921-)

Agora, você possivelmente está muito mais consciente de suas histórias, crenças e scripts. No entanto, apenas estar consciente deles não significa que você possa implementar mudanças positivas em sua vida. Para que uma verdadeira mudança aconteça, você precisa alterar as crenças e os scripts do subconsciente que estão determinando a maioria de suas ações. Nesse ponto, as perguntas, então, inevitavelmente surgem: Como posso alterar os scripts e as crenças que estão no meu subconsciente? Não são esses pensamentos subconscientes os que fogem ao meu controle? A chave, então, é trazer para o consciente aquilo que estava no subconsciente. As histórias contadas neste capítulo ilustram como fazer isso.

Aqui, então, um dos contos folclóricos favoritos de Richard.

Mudando um ponto de vista

Muitos anos atrás, em uma pequena aldeia na Rússia, um pobre judeu vivia muito infeliz, pois tinha sete filhos e nenhum espaço em sua pequenina casa.

Então ele foi procurar ajuda com seu rabino.

O rabino lhe disse:

– Pegue todas as suas cabras e coloque-as dentro de casa.

O homem ficou confuso, mas fez o que o rabino falou.

Na semana seguinte, o homem infeliz voltou para conversar com o rabino e disse que com as cabras dentro de casa, as coisas ficaram ainda piores.

O rabino concordou e disse:

– Ok, então, você deve colocar, também, todas as suas galinhas dentro de casa.

O homem ficou pasmo, mas não querendo discutir com o grande rabino, fez como lhe foi dito.

Na semana seguinte, o pobre homem retornou, alegando que as coisas nunca estiveram piores.

O rabino, então, disse-lhe para ir direto para casa e colocar todos os animais para fora de sua casa.

O homem fez como lhe foi dito e regressou, imediatamente, ao rabino para dizer-lhe como a sua casa agora parecia espaçosa e maravilhosa!

> *Quando você está preso em uma mentalidade, situação ou relacionamento negativo e doentio, algumas vezes vai precisar de uma pequena ajuda para rever sua história. E cabe a você escolher outra pessoa em seu mundo que vai ajudá-lo a se desvencilhar dessas narrativas prejudiciais, reescrever sua história e mudar sua vida.*

E, agora, aqui está uma história final do Professor Krevolin.

A bênção de minha mãe

Os pais da minha mãe vieram da Europa Oriental e tiveram uma boa vida na América. Ela cresceu em Waterbury, Connecticut, tornou-se fonoaudióloga, e trabalhou na área escolar, enquanto criava seus três meninos. Ela sempre foi uma mãe presente e amorosa.

Os pais do meu pai eram imigrantes judeus russos que vieram para América com nada no bolso. Quando jovem, meu pai trabalhou duro, ganhou uma bolsa de estudos, e foi para Yale College e para a Escola de Direito de Yale. Ele se tornou um advogado bem sucedido em New Haven, Connecticut - uma notável história de sucesso norte-americano.

Sempre pensei que eu iria seguir os seus passos, mas quando eu estava prestes a me inscrever para as escolas de Direito, eu mudei de ideia e comecei a pensar na possibilidade de uma nova história de vida para mim mesmo.

No primeiro semestre do meu último ano de bacharelado, fiz uma aula de dramaturgia e adorei. Então, ouvi falar de um concurso de roteiro e, para aproveitar o prazo de entrega que já estava acabando, eu passei acordado a noite inteira e escrevi um roteiro de cem páginas. Eu nunca tinha experimentado nada como a sensação de sentar em frente a um computador e, então, olhar o relógio e descobrir que várias horas se passaram. Eu adorei ficar perdido na escrita, e o sentimento das palavras caindo em torrentes do meu coração para minha história. Tornei obcecado pela escrita criativa e sabia que nunca seria feliz sentado em um escritório de advocacia durante todo o dia. Então, quando chegou perto da hora de me inscrever para a Escola de Direito, eu anunciei ao meu pai que eu estava indo para Escola de Cinema.

Eu me apaixonei pela linguagem, pelas histórias. Eu queria dedicar minha vida a contá-las e escrevê-las e se eu o fizesse bem, eu poderia até mesmo ser capaz de ganhar a vida como escritor e eu nunca teria que usar uma gravata ou sentar em um escritório. Ei, o nome da minha mãe era Evelyn Krevolin, e assim a poesia e a rima estavam em minhas veias. Eu não tinha escolha. Eu não poderia ser um advogado. Meu coração estava determinado a passar a vida criando bela linguagem e comoventes histórias.

O problema foi que eu tinha perdido todos os prazos de Setembro para entrar na Escola de Cinema, então, eu teria que ficar em casa por um ano após o bacharelado e, no inverno, me inscrever para a entrada no outono do ano seguinte. E para tornar as coisas ainda mais assustadoras, a Escola de Cinema não estava por perto, e sim, na terra mítica da Califórnia. Meus pais foram favoráveis a essa decisão, a princípio...

Foi assim até um dia, vários meses depois de me mudar de volta para casa, quando minha mãe chegou do trabalho e encontrou-me sentado no meu quarto, de pijama. Quando ela me viu, não se conteve e gritou:

— Richie, são cinco horas da tarde e você ainda está de pijama? Você está desperdiçando sua vida. Ser escritor é tão difícil, por que você não esquece isso e vai para a Faculdade de Direito?

Poucas semanas depois, uma carta da UCLA chegou à nossa caixa de correio - fui aceito no programa de mestrado para roteirista. Minha mãe e meu pai concordaram em ajudar a pagar o programa e me deixaram voar para Hollywood atrás dos meus sonhos.

Quando eu cheguei lá, supus que iria morar com um amigo da faculdade, que fez outros planos sem me dizer. Assim, de repente, eu estava sozinho em uma nova cidade sem ter onde morar. Assustado e perdido, fiz o que sempre fazia nesses tipos de situações difíceis, liguei para minha mãe. Ainda me lembro pegando um telefone público (sim, isso foi antes de telefones celulares) e chamando minha mãe para contar a ela sobre seu filho sem-teto. Instantaneamente, eu a ouvi gritar do outro lado da linha:

— Richie, estou voando para aí imediatamente para te ajudar!

— Não, agora eu sou um garoto grande. Eu posso fazer isso!

E então comecei a chorar.

Por fim, encontrei uma pequena casa em que eu pude alugar um quarto e comecei meu programa de mestrado na UCLA. Todos os Natais eu vinha para casa visitar minha família em Connecticut e, todas as vezes, minha mãe cumprimentava-me com o mesmo refrão:

— Então, como está a Escola de Cinema?

— Ok.

— Você já vendeu alguns dos roteiros que escreveu?

— Não, mas eu ainda sou um estudante e estou atualmente escrevendo peças de teatro, também. Então, se eu não posso vender um dos meus scripts de filme, eu também tenho minhas peças de teatro.

— Ok, você já vendeu alguma dessas peças?

— Não, ainda não, mas...

— Querido, você não pensa na Escola de Direito?

E até certo ponto, ela estava certa. Mesmo vários anos depois da Escola de Cinema, eu ainda não havia ganhado nenhum dinheiro como escritor. E todos os anos, quando eu ia para casa nos feriados, a conversa continuava a mesma:

— Então, você vai reconsiderar ir para a Escola de Direito?

As coisas chegaram a tal ponto que eu temia essa conversa e não queria mais ir para casa nos feriados. E então um dia, o telefone tocou, em meu apartamento. Era minha mãe, ela trabalhava como fonoaudióloga em uma escola primária em Connecticut e haveria uma grande conferência em Los Angeles na qual ela estaria presente. Ela viria em breve, e me pediu que ficasse disponível para encontrá-la nesses dias.

Descobri que haveria uma importante leitura pública da minha primeira peça, em uma das noites em que minha mãe estaria em Los Angeles. Sendo apenas uma leitura e não uma apresentação teatral, eu estava no palco lendo as cenas – descrição para a peça de teatro durante toda a apresentação –, enquanto ela estava na primeira fila. Isso significava que nós estávamos cara a cara diante de meu desempenho, e eu podia vê-la o tempo todo.

A peça era autobiográfica e há uma cena em que o personagem principal lembra um momento em sua infância, quando ele teve um sonho ruim e estava ansioso para chegar à segurança da porta do quarto de seus pais, mas estava congelado de medo nas escadas da casa. Incapaz de mover-se, o personagem principal ficou paralisado. À medida que a cena progredia no palco, lembro-me de ver lágrimas rolarem pela face de minha mãe, como ela reconhecia e lembrava este momento de nossas vidas.

Após a apresentação, eu dei-lhe uma carona de volta para seu hotel. No carro, ela comentou sobre sua ida à sinagoga, uma semana antes. Durante seu sermão, o rabino falou de *Gênesis – Capítulo 27* – a história de Isaac dando sua bênção ao seu filho, em que ele diz no versículo 4: "Prepare-me o tipo de alimento saboroso que eu gosto e traga-o para eu comer, para que eu possa dar-lhe minha bênção antes de morrer".

Ela disse que o rabino havia dito à congregação que o maior presente que um pai ou mãe pode dar ao seu filho é a sua bênção. Ela não ia à sinagoga regularmente, mas ela sentiu como se Deus quisesse que ela participasse daquela noite para que ela pudesse ouvir esta mensagem e compartilhá-la comigo.

Quando ela testemunhou o quão maravilhosa estava a minha peça no palco, ela soube, então, que estava errada em relação à Escola de Direito. Eu nasci para ser escritor. Ela percebeu que ao insistir sobre a Escola de Direito por tantos anos e não reconhecer o caminho da carreira que escolhi, ela, inconscientemente, havia retido na fonte sua bênção para mim e, agora, finalmente era a hora para me abençoar... E então, ela me abraçou e me disse o quanto se orgulhava de mim. É claro, de imediato, nós dois começamos a chorar.

Esse foi um momento importante em minha vida. Eu vivia uma história em que meus pais não aprovavam a minha escolha de carreira e isso trouxe muita frustração e infelicidade para mim. Quando minha mãe me deu sua bênção, ela me ajudou a reescrever minha história e, de repente, vi minha vida de maneira diferente, e reconheci uma nova percepção de amor, possibilidade e felicidade. Eu me senti finalmente livre para ser o que eu estava destinado a ser – um escritor. E, com certeza, minha carreira decolou.

Esta história e muitas outras deste livro demonstram como é importante compreender realmente as histórias, crenças e scripts que são tão poderosos em nossas vidas. Com a capacidade de ver e compreender o que vemos, nós conquistamos o poder de mudar. Uma das razões de estarmos aqui na Terra é mudar nossas próprias vidas e inspirar mudanças na vida dos outros, para melhor. Às vezes, essa mudança vem de dentro. Outras vezes, como nesta história, um ente querido pode nos ajudar a concretizar esta mudança.

"Para o verdadeiro sucesso, faça a você mesmo quatro perguntas: Por quê? Por que não? Por que não eu? Por que não agora?"
James Allen (1864-1912)

CONSIDERAÇÕES FINAIS

Com essas histórias que compartilhamos neste livro, esperamos que você entenda e aceite que o processo de desenvolvimento pessoal é cíclico, sempre passamos por altos e baixos, mas a cada novo ciclo tornamo-nos pessoas melhores. É claro que devemos ser protagonistas e heróis de nossa história, mas é bom lembrar que o herói também tem seus momentos de desapontamento, de recolhimento e de preparação para novos feitos. É impossível ficarmos 100% da vida no topo, aliás, esse topo sempre se afasta e fica cada vez mais alto, e isso é bom, porque fomos criados para progredirmos cada dia mais.

Assim, da próxima vez que algo ruim acontecer com você – quando ficar preso no trânsito, quando seu chefe lhe der um trabalho extra ou quando um membro da família lhe deixar chateado –, não se desespere! Pare! Respire! Dê um passo para trás e olhe para sua vida como se fosse uma história e você, o personagem principal nesta história. E se você pode fazer isso, você pode ser capaz de ver que este obstáculo ou antagonista está lá por uma razão. Em vez de ficar com raiva, procure descobrir como eles podem ser a chave para seu crescimento e autoaperfeiçoamento. Use este momento que parece ser um revés como uma oportunidade para seguir adiante e dê graças por isso.

Portanto, nós desejamos que você esteja bastante consciente das histórias que estão ao seu redor o tempo todo e o papel que desempenham em sua vida. E, sendo o herói de sua própria história, mais uma vez, lembre-se: quando um vilão ou obstáculos aparecerem, aja como herói – não os amaldiçoe nem sinta pena de si mesmo. Em vez disso, veja-os como um problema temporário que foi colocado em sua vida para ajudá-lo a alcançar seu real potencial e a tornar-se a pessoa que você nasceu para ser.

Seu verdadeiro eu já está dentro de você. Libere-o. Cresça. Aprenda. Mude. Faça as perguntas certas e continue reescrevendo sua vida até tornar-se um herói vivendo uma história com final feliz!

SOBRE OS AUTORES

Eliana Barbosa é mineira e reside na cidade de São Paulo. Atua como apresentadora em programas de TV e rádio, desde 2003, e escreve em jornais e revistas de circulação nacional e internacional, além de participar com seus textos em vários sites e blogs. Eliana é colunista semanal da Revista MALU, Alto Astral editora, de circulação nacional, desde 2010, com uma tiragem mensal de um milhão de exemplares. É autora de vários livros de sucesso, dentre eles: *Acordando para a vida – Lições para sua transformação interior*, *O enigma da bota – Enfrentando a sucessão empresarial com equilíbrio e sabedoria* e *Cara a cara com alguém muito especial – Histórias e lições inspiradoras para você se conhecer e vencer* (todos pela Novo Século Editora), e também deste livro que você tem em mãos, publicado simultaneamente no Brasil e nos Estados Unidos. Autora também de audiolivro, CD e DVD motivacionais, realiza palestras em empresas e cidades do Brasil e exterior.

Eliana Barbosa é filha do médico psiquiatra Elias Barbosa, autor de quatorze livros em parceria com Chico Xavier. A convivência de Eliana com o grande líder espiritual brasileiro proporcionou a ela modelos construtivos de apoio às pessoas, aprendendo desde cedo a ouvir e aconselhar. Hoje, como esposa, mãe, avó e profissional, Eliana tem a oportunidade de compartilhar e colocar em prática a valiosa experiência que teve em sua infância e adolescência.

Eliana, desde cedo, se interessou por leituras sobre comportamento humano, sempre sob a positiva influência de seus pais. Graduou-se em Estudos Sociais e em Piano e especializou-se em Terapia de Família e Casal, com variados cursos na área comportamental – Programação Neurolinguística, Terapia com Florais de Bach, Psicoterapia Holística e *Coaching*. Eliana é, assim, especialista em técnicas que promovem o desenvolvimento integral do ser humano. Ela não só se formou nessas disciplinas como também trabalhou como professora de Piano e de Geografia, depois como empresária da área de cosméticos e, mais tarde, na área de comércio de produtos importados.

Em 2001, seu caminho profissional direcionou-se no sentido de transformar a vida das pessoas. A partir daí, começou a trajetória como Consultora em Desenvolvimento Humano, escritora, palestrante e apresentadora de TV e rádio.

No ano de 2010, Eliana Barbosa foi agraciada pelo Governador do Estado de Minas Gerais – Aécio Neves – com a Comenda da Paz Chico Xavier – um reconhecimento pelo seu trabalho realizado em favor do desenvolvimento das pessoas.

Eliana Barbosa considera-se uma pessoa de alma muito feliz, e, por isso, sente um prazer enorme em compartilhar seus conhecimentos e sua felicidade com os leitores e o público em geral. Eliana agradece ao Professor Richard Krevolin por lhe dar a honra de escrever esta obra junto com ele, e ao amigo James McSill, por acompanhá-los em todo esse trabalho, com sua experiente consultoria literária. Eliana sente-se plenamente realizada com a publicação desta obra por refletir o propósito de vida que ela sempre acalentou – despertar o potencial das pessoas, incentivando-as à transformação.

Este livro, portanto, repleto de histórias pessoais dos autores, foi carinhosamente preparado para inspirar em cada leitor a coragem e a ousadia para realizar as necessárias mudanças em suas histórias, reescrevendo-as, podendo, assim, resgatar o papel de protagonista a que tem direito e de tornar-se herói da própria vida.

Richard Krevolin é escritor, dramaturgo, roteirista e professor universitário. Graduado na Universidade de Yale, Richard ganhou um mestrado em roteiro de Cinema/Televisão na (UCLA) Universidade da Califórnia em Los Angeles, e um mestrado em dramaturgia e ficção na (USC) Universidade do Sul da Califórnia.

Por 15 anos, ele foi professor adjunto de roteiro na Escola de Cinema e TV da USC, também foi professor adjunto na Escola de Cinema da UCLA, Pepperdine, Faculdade Ítaca, e Universidade da Geórgia. Sob sua orientação, os alunos venderam roteiros de filmes e programas de TV para Universal, Sony-Tri-Star, WB, Paramount, Dreamworks e inúmeros outros estúdios e empresas de produção.

Ele é o autor dos livros *Screenwriting from the soul* (St. Martin's Press), *Pilot your life* (Prentice-Hall), *How to adapt anything into a screenplay* (Wiley & Sons) e *Screenwriting in the land of Oz* (Adams Media/Writer's Digest Books). Ele também é autor de diversos romances destinados a adultos jovens e mais de vinte peças de teatro. Richard tem vários scripts em desenvolvimento em Hollywood, incluindo *Safer*, com Tom DeSanto Productions (X-Men, Transformers). Ele foi um dos autores do documentário *Fiddler on the roof: 30 years of tradition*. Sua peça de teatro *Lansky* foi indicada para o Prêmio "Outer Critics Circle" e é um grande sucesso no Teatro Nacional Iídiche em Tel Aviv, em Israel. Richard também escreveu e dirigiu o documentário *"Making light in Terezin"*.

Durante a última década, o Professor Krevolin voou ao redor do mundo para ensinar a arte da comunicação e como contar histórias para os executivos, criadores e gerentes de marca em muitas empresas diferentes, incluindo Vaseline, Pepperidge Farms, J. Walter Thompson, Ogilvy, Tata Interactive Software, Pond's Skin Care,

Sunsilk Shampoo, Lux Soap, Lifebuoy e Nike. Ele também tem trabalhado nos campos corporativo e advocatício, como consultor sobre temas estratégicos de comunicação e, inclusive, em importantes casos de litígio.

Recentemente, o Professor Krevolin aliou-se com o mundialmente famoso escritor e consultor literário James McSill, para constituírem uma nova empresa, a McSill-Krevolin, Inc., criada para ajudar os escritores brasileiros e também grandes empresas brasileiras a contarem suas histórias em três diferentes línguas, a fim de permitir que sejam ainda mais competitivos e respeitados internacionalmente.

Richard Krevolin tem atuado como palestrante e orador em uma variedade de conferências de escritores, incluindo Maui Writers Conference, The Santa Fe Screenwriters Conference, the Hollywood Film Festival, The Surrey Writer's Conference, Kenyan Screenwriters Seminar in Nairobi, The Hollywood Film School in Kiev, Ukraine, Write in Atlanta, e, mais recentemente, Write in Belo Horizonte e Write in Canela (ambos no Brasil). Seu trabalho de consultoria tem afetado centenas de comerciais de TV produzidos em todo o mundo, muitos dos quais ganharam prêmios, incluindo um Leão de Ouro em Cannes e o Prêmio Escolha Popular na China.

Ele continua a treinar advogados, escritores e executivos de marcas privadas, bem como ministrando palestras e oficinas criativas.

Conhecido por seu estilo espiritualmente profundo, fortes caracterizações, e atitude entusiasmada em suas palestras, Professor Krevolin tem passado sua vida anotando suas experiências e está feliz em poder incluí-las neste livro.

Finalmente, ele agradece a Eliana Barbosa e a James McSill por contar-lhe suas histórias e fazerem acontecer este livro!

CONTATOS DOS AUTORES

ELIANA BARBOSA:
www.elianabarbosa.com.br / eliana@elianabarbosa.com.br

RICHARD KREVOLIN:
www.ProfK.com / RKrevolin@yahoo.com

**INFORMAÇÕES SOBRE NOSSAS PUBLICAÇÕES
E ÚLTIMOS LANÇAMENTOS**

Cadastre-se no site:

www.novoseculo.com.br

e receba mensalmente nosso boletim eletrônico.

novo século